Beiträge zu Geschichte, Lehre und Leben

der apostolischen Gemeinschaften

Nummer 3

„Zur Freiheit berufen“

Ein Porträt der

„Vereinigung Apostolischer Gemeinden (VAG)“

und ihrer Gliedkirchen

Volker Wissen

Beiträge zu Geschichte, Lehre und Leben der apostolischen Gemeinschaften

Nummer 3

„Zur Freiheit berufen“

Ein Porträt der „Vereinigung Apostolischer Gemeinden (VAG)“ und ihrer Gliedkirchen

Volker Wissen

Re Di Roma-Verlag

Bibliografische Information durch
Die Deutsche Bibliothek:
Die Deutsche Bibliothek verzeichnet diese Publikation in der Deutschen Nationalbibliografie; detaillierte bibliografische Daten sind im Internet über http://dnb.ddb.de abrufbar.

III

ISBN 978-3-86870-030-5

Covergestaltung: Jörg Stracke

www.rediroma-verlag.de

7,50 Euro (D)

<u>In dieser Reihe bereits erschienen:</u>

Volker Wissen - Theologische Entwicklungen der Vereinigung Apostolischer Gemeinden (VAG) von 1956 bis heute
Nummer 1

Edwin Diersmann – „An ihren Früchten sollt ihr sie erkennen"
Das Erbe von Friedrich Wilhelm Schwarz: 100 Jahre niederländische apostolische Gemeinschaften, ein geschichtlicher Überblick
Nummer 2

<u>Zum Autor:</u>

Volker Wissen wurde am 6. Mai 1965 in Duisburg geboren und ist seither Mitglied in der „Apostolischen Gemeinschaft", einer Gliedkirche der „Vereinigung Apostolischer Gemeinden". Er studierte Betriebswirtschaft an der Fernuniversität Hagen und Ostasienwissenschaften an der Heinrich-Heine-Universität Düsseldorf.

Inhaltsverzeichnis

Einführung 9

Die Vereinigung Apostolischer Gemeinden 10

Entstehung 10

Mitglieder 11

Lehre, Ämter und Leitung 12

Apostel seit Gründung 1956 13

Lehre und Glaubensbekenntnis 15

Kirchenverständnis 17

Amts- und Apostolatsverständnis 17

Sakramentsverständnis 18

Ämter 20

Liturgie 22

Kirchenmusik 25

Kircheneigene Periodika 25

Apostolic Church of Queensland (ACQ) 28

Entstehung 28

aktuelle Situation 30

Lehre und Glaubensbekenntnis 30

Liturgie 32

Apostolic Church of South Africa - Apostle Unity (AU) 34

Entstehung 34

Geschichte der Klibbe-Gruppe 34

Geschichte der Erasmus-Gruppe 35

Zusammenschluss 36

Lehre und Glaubensbekenntnis 36

Kirchenverwaltung 39

aktuelle Situation 39

Reformiert-Apostolischer Gemeindebund (RAG) 41

Entstehung 41

Lehre und Glaubensbekenntnis 43

Zusammenschluss 44

Apostolische Gemeinde des Saarlandes (AGdS) 46
Entstehung 46
1955 – 1967 48
Eigenständigkeit 51
aktuelle Situation 53

Vereinigung Apostolischer Christen (VAC) 55
Entstehung 55
aktuelle Situation 57

Gemeente van Apostolische Christenen (GvaC) 59
Entstehung 59
Hersteld Evangelisch Apostolische Gemeente 59
Apostolische Stichting 60
Apostolische Geloofsgemeenschap 61
aktuelle Situation 63

Apostolische Gemeinschaft (AG) 65
Entstehung 65
Gliederung 68
Kirchengebäude 71
Finanzierung 72
Ökumene 73

Union des Chrétiens Apostoliques de France (UCAF) 74
Entstehung 74
aktuelle Situation 75

United Apostolic Church of India (UACI) 77
Entstehung 77
soziale Aktivitäten 79
aktuelle Situation 79

Alt-Apostolische Gemeinschaft Wien (AAG) 81
Entstehung 81
Lehre und Glaubensbekenntnis 83
Ende der Gemeinschaft 86

Diasporagemeinden 89
USA 89
Argentinien und Brasilien 90

Quellenangaben 91

„Zur Freiheit berufen“

Ein Porträt der „Vereinigung Apostolischer Gemeinden (VAG)“ und ihrer Gliedkirchen

Einführung

Die vorliegende Arbeit beschäftigt sich mit der Vereinigung Apostolischer Gemeinden und ihrer Gliedkirchen. Sowohl der Dachverband als auch die einzelnen Mitgliedskirchen sind in der breiteren Öffentlichkeit und selbst bei kirchlichen Fachleuten kaum bekannt. Auf dem Buchmarkt gibt es bislang keine Literatur, die sich explizit mit der Vereinigung Apostolischer Gemeinden beschäftigt. Informationen über die Gemeinschaften findet man bisher lediglich in Abhandlungen über die Neuapostolische Kirche, wo sie kurz unter Abspaltungen erwähnt werden. Auch finden sich vereinzelt veraltete oder gar falsche Einträge in weltlichen und kirchlichen Lexika und Nachschlagewerken. Diese Lücke soll nun geschlossen werden und ich möchte den interessierten Lesern Einblicke in Geschichte, Glauben, Leben und Lehre dieser Gemeinschaften geben.

Die Vereinigung Apostolischer Gemeinden

Entstehung

Die **„Vereinigung Apostolischer Gemeinden"** (auch: **VAG**) ist im engeren Sinne ein Dachverband von vier rechtlich und finanziell selbständigen apostolischen Gemeinschaften in Deutschland, Frankreich, den Niederlanden und der Schweiz:

- Apostolische Gemeinschaft, Deutschland
- Union des chrétiens apostoliques, Frankreich
- Gemeente van apostolische christenen, Niederlande
- Vereinigung Apostolischer Christen, Schweiz

Er entstand in den siebziger Jahren des 20. Jahrhunderts, um bei den notwendigen Lehrreformen eine einheitliche Ausrichtung in Europa zu gewährleisten. Es gibt eine Satzung, die unter anderem drei jährliche europäische Apostelkonferenzen vorsieht. Seit einigen Jahren nehmen daran auch die amtierenden Bischöfe teil. Die Vereinigung wählt auf vier Jahre einen Sekretär der die Aufgaben koordiniert. Dies ist derzeit der deutsche Apostel Matthias Knauth aus dem Bezirk Duisburg/ Norddeutschland in zweiter Amtszeit.

Parallel zur VAG gibt es noch die **„Vereinigung der Apostel der apostolischen Gemeinden"**, die am 24. Juli 1956 in Düsseldorf gegründet wurde. Hier versammelten sich am 18. und 19. Januar 1956 die Apostel Dehmel, Dunkmann und Kuhlen der deutschen **„Apostolischen Gemeinschaft"**, die Apostel E. und O. Güttinger der schweizerischen **„Vereinigung Apostolischer Christen"**, die niederländischen Apostel Smit der **„Hersteld Evangelisch Apostolische Gemeente"** und Apostel Kamphuis von der **„Apostolischen Stichting"** und der deutsche Apostel Ecke des **„Reformiert Apostolischen Gemeindebundes"** sowie sieben Bischöfe der beteiligten Gemeinschaften zu einer Konferenz in der sie Übereinstimmung in den Grundwahrheiten der apostolischen Lehre feststellten. Die Apostel Erasmus und Malan der südafrikanischen **„Apostolic Church"**, die Apostel Müller und Ostermann des

„Reformiert-Apostolischen Gemeindebundes" und Apostel Zielke der australischen **„Apostolic Church of Queensland"** schlossen sich dieser Vereinbarung kurz darauf an. Im April 1956 fand eine weitere Apostelkonferenz statt und Ende Juli waren dann die südafrikanischen Apostel bei der Gründung auch anwesend. Alle diese Apostel und Gemeinden waren zu verschiedenen Zeitpunkten und aus unterschiedlichen Gründen aus der Neuapostolischen Kirche entstanden. Dies war bis dato das erste und einzige Mal, dass sich apostolische Gemeinschaften zusammen schlossen und nicht trennten.

Mitglieder

Der „Vereinigung der Apostel der apostolischen Gemeinden" gehören im Moment folgende acht Gemeinschaften (in der Reihenfolge ihrer Entstehung) an:

- Apostolic Church of Queensland (Australien)
- Apostolic Church of South-Africa - Apostle Unity (Südafrika)
- Gemeente van Apostolische Christenen (Niederlande)
- Vereinigung Apostolischer Christen (Schweiz)
- Union des Chrétiens Apostoliques (Frankreich)
- Apostolische Gemeinschaft (Deutschland)
- United Apostolic Church (Indien)
- United Apostolic Church (Philippinen)

Der 1921 gegründete *Reformiert-Apostolische Gemeindebund* schloss sich 1994 mit der Apostolischen Gemeinschaft zusammen. Er gehörte vorher ebenfalls zur VAG.

Die *Apostolische Gemeinde des Saarlandes* gehörte von 1956 bis 1967 zum Verband. Ebenso die - inzwischen untergegangene – *Altapostolische Gemeinschaft* in Österreich von 1987 bis 1991.

Eine weitere Abspaltung der Neuapostolischen Kirche entstand 1989 unter Apostel Rockenfelder in Hessen. Diese Gemeinschaft hat sich inzwischen mehrfach ebenfalls gespalten und eine dieser Gruppen ist unter dem Namen „Vereinigung Apostolischer Gemeinden e.V." in

Gießen im Vereinsregister eingetragen. Diese kleine kirchliche Gemeinschaft hat jedoch keinerlei Beziehungen zur hier vorgestellten VAG.

Unter dem Namen „Vereinigung Apostolischer Gemeinden (VAG)" versteht man im eigentlichen Sinn nur die vier europäischen Gliedkirchen, nicht die außereuropäischen Gemeinschaften. Aber selbst innerhalb der VAG wird dies nicht immer richtig abgegrenzt bzw. eingeordnet und in dieser Arbeit werden alle acht Gemeinschaften vorgestellt, zumal es für die außereuropäischen Gliedkirchen sonst gar keine publizierten Informationen gibt.

Weder die VAG noch die „Vereinigung der Apostel" haben eine eigene Rechtspersönlichkeit. Diese haben nur die einzelnen Gemeinschaften nach den rechtlichen Möglichkeiten ihrer Länder. Die „Vereinigung der Apostel" hat eine Satzung, die früher internationale Apostelkonferenzen im Dreijahresrhythmus vorsahen. Inzwischen wurde dies auf einen fünfjährigen Rhythmus ausgeweitet. Sekretär der Vereinigung ist derzeit Apostel Philip Erasmus aus Südafrika. Eine neuausgerichtete Überarbeitung ist in Arbeit.

Die Mitgliedskirchen entstanden zu unterschiedlicher Zeit und aus verschiedenen Gründen als Abspaltungen der Neuapostolischen Kirche. Die Einzelheiten dazu finden sich in den Kapiteln zu den jeweiligen Gemeinschaften.

Lehre, Ämter und Leitung

Die vier europäischen Gliedkirchen sind in Lehr- und Organisationsfragen sehr eng miteinander verbunden. Zu den australischen und südafrikanischen Gemeinden bestehen inzwischen eher lose Verbindungen; es gibt Unterschiede in theologischen Fragen. Insbesondere wird die Stellung und Bedeutung des Apostelamtes anders gesehen, ebenso unterscheidet sich das Kirchen- und Sakramentsverständnis. Die Frauenordination haben diese Gemeinschaften ebenfalls nicht übernommen. Auch das Glaubensbekenntnis ist in Europa und Übersee unterschiedlich.

Zurzeit umfasst die Vereinigung elf Apostel: in Deutschland (Apostel

Baron, Groß, Knauth, Lieberth und Loose), den Niederlanden (Apostel Den Haan), Frankreich (Apostel Schaeffer), der Schweiz (Apostel Baltisberger), Südafrika (Apostel Erasmus) und Australien (Apostel Flor und Dargusch). Die **Igreja Evangélica Apostòlica** in Brasilien wurde bis zu ihrem Ende 2007 von Apostel Grein (Altapostel Frankreich) betreut. Die derzeit 26 Gemeinden auf den Philippinen werden von Australien aus aufgebaut und betreut. Für die indische Gliedkirche wird nach dem plötzlichen Tod des Apostels Vanathaian 2005 eine neue Lösung gesucht.

Apostel seit Gründung 1956

Name	Arbeitsbereich	Ordination	Ruhestand	Todestag
Paul Schmidt	Sachsen	Oktober 1951		10. August 1955
Alwin Ostermann	Vogtland	8. November 1925		2. Juli 1958
Ernst Güttinger	Schweiz/Frankreich	16. September 1923	5. August 1951	6. Februar 1960
Otto Güttinger	Schweiz/Frankreich	7. Dezember 1941		5. Juli 1960
Emil Zielke	Australien	8. September 1929		13. März 1962
Siegfried Dehmel	Oberhausen	3. Oktober 1948	-	29. Juni 1963
Max Ecke	Sachsen	22. Oktober 1911		16. Januar 1965
Hendrik Jacobus Smit	Niederlande	24. September 1950		13. April 1965
Max Müller	Vogtland	19 . November 1954		27. November 1967
Dani C. Smuts Malan	Südafrika	6. November 1949		4. Februar 1968
Gerrit Kamphuis	Niederlande	15. August1948	13. Juni 1965	25. September 1971
Ernst Dunkmann	Düren	4. Oktober 1953	17. November 1968	13. Juli 1979
Philipus Jacobus Erasmus	Südafrika	18. Mai 1952	28. Mai 1978	26. Oktober 1986
Peter Kuhlen	Düsseldorf	31. März 1935	5. April 1970	17. November 1986
Arnold Edward Zielke	Nordqueensland	2. April 1961	-	4. Januar 1988
Arnan Niemeyer	Südqueensland	2. April 1961	10. April 1977	28. November 1995

Erwin Kindler	Schweiz/Frankreich	10. September 1961	21. Juni 1992	
Erich Rabe	Vogtland	12. August 1962	21. April 1974	10. Februar 1985
Rudolf Ludwig	Sachsen	12. August 1962	20. April 1980	8. März 1991
Hubert Geuer	Düren	7. Juni 1964	-	24. September 1973
Johann Friedrich Kröner	Niederlande	13. Juni 1965	16. November 1975	26. Mai 1991
Werner Kahlert	Süddeutschland	12. November 1967	-	28. Juli 1981
Rudolf Gaßmeyer	Rheinland	12. November 1967	21. September 1997	
Josua Jeremia Joubert	Südafrika	14. Mai 1972	27. Juli 1997	
Johannes Philippus Erasmus	Südafrika	14. Mai 1972		
Kurt Kretzschmar	Vogtland	1. April 1973	2. Dezember 1990	28. November 1996
Ernst Lenser	Duisburg/Norddeutschland	19. Mai 1974	13. September 1998	
Christiaan Boermeester	Niederlande	16. November 1975	15. November 1987	
Mervyn Zischke	Südqueensland	10. April 1977	-	27. November 1988
Frank Volkmer	Dresden	28. Mai 1978	12. März 2006	
William Edgar Erry	Indien	8. August 1971	21. August 1994	
Johann Friedrich Kröner jun.	Niederlande	15. November 1987	16. November 1997	
Roland Böhm	Vogtland	26. März 1989	19. Oktober 2003	
Kenneth Dargusch	Südqueensland	23. September 1990		
Clifford Flor	Nordqueensland	23. September 1990		
André Grein	Frankreich	15. Dezember 1991	27. Juni 2004	
Walter Baltisberger	Schweiz	21. Juni 1992		
Michael Vanathaian	Indien	23. August 1982	-	1. Oktober 2005
Werner Weise	Süddeutschland	2. Juli 1995	19. November 2003	
Wilfried Baron	West-Süd	25. August 1996	9. November 2008	
Detlef Lieberth	Düren/Essen/Köln*	25. August 1996		

Johan Theodor den Haan	Niederlande	16. November 1997		
Matthias Knauth	Nord-West	13. September 1998		
Norbert Schaeffer	Frankreich/Saarland	27. Juni 2004		
Gert Loose	Ostdeutschland	1. Juli 2007		
Armin Groß	West-Süd	4. November 2007		

* bis Oktober 2006, seither ohne Bezirksverantwortung

Lehre und Glaubensbekenntnis

Die Lehre der „Vereinigung Apostolischer Gemeinden“ entsprach ursprünglich der der Neuapostolischen Kirche, von der sich die Gliedkirchen zu verschiedenen Zeiten getrennt hatten.

Man hat sich bis in die siebziger Jahre als Alternative zur Neuapostolischen Kirche verstanden. Auch aus diesem Verständnis resultierte jahrzehntelang der Nimbus eine weltweite Kirche sein zu wollen. In den letzten Jahren ist aufgrund der gemachten Lehrentwicklungen und rückgängiger Mitgliederzahlen klar geworden, dass diese Positionen nicht mehr zu halten sind.

Neben strukturellen Veränderungen wurden in den europäischen Gemeinschaften insbesondere seit den 1970er Jahren wesentliche Neuorientierungen und Reformen in theologischen Fragen vorgenommen, besonders im Kirchen-, Amts- und Sakramentsverständnis. Man versuchte, da wo es sinnvoll erschien, eine Rückführung auf Vorstellungen der katholisch-apostolischen Gemeinden und der Notae ecclesiae[1].

Ein Lehrwerk "Was wir glauben" in 2 Bänden (1984 und 1991) stellt die Lehre dar. Die die Sakramente Taufe und Versiegelung betreffenden

---

[1] Unter den **Notae ecclesiae** versteht man in der christlichen Theologie die *Wesensmerkmale der Kirche*. Das Glaubensbekenntnis von Nicäa und Konstantinopel spricht von der *einen, heiligen, katholischen und apostolischen Kirche* (μίαν, ἁγίαν, καθολικήν καί ἀποστολικήν) und nennt so die vier klassischen Wesensmerkmale der christlichen Kirche: Einheit, Heiligkeit, Katholizität (Universalität) und Apostolizität.

Teile sind im Juli 2005 durch eine neue Veröffentlichung ersetzt worden.[2] Für die Abendmahlslehre wird dies voraussichtlich 2009 geschehen. Das WWG von 1984 war seit 1958, als der Glaube aller VAG-Gemeinden in einem „Lehrbuch für apostolische Christen“ im Fragen-Antwort-Stil zusammen gefasst worden war, der erste „Katechismus“ in Volltextform, der versuchte, den apostolischen Glauben umfassend darzustellen.

2005 wurde als Glaubensbekenntnis das Apostolikum in seiner lutherischen Fassung eingeführt.

1. Ich glaube an Gott, den Vater, den Allmächtigen, den Schöpfer des Himmels und der Erde.

2. Und an Jesus Christus, seinen eingeborenen Sohn, unsern Herrn, empfangen durch den Heiligen Geist, geboren von der Jungfrau Maria, gelitten unter Pontius Pilatus, gekreuzigt, gestorben und begraben, hinabgestiegen in das Reich des Todes, am dritten Tage auferstanden von den Toten, aufgefahren in den Himmel; er sitzt zur Rechten Gottes, des allmächtigen Vaters; von dort wird er kommen, zu richten die Lebenden und die Toten.

3. Ich glaube an den Heiligen Geist, die heilige christliche[3] Kirche, Gemeinschaft der Heiligen, Vergebung der Sünden, Auferstehung der Toten und das ewige Leben. Amen.

Die ersten drei Artikel galten bereits in den beiden vorhergehenden Glaubenbekenntnissen von 1958 und 1984 in leicht veränderter Form mit dem Zusatz von sechs bzw. drei weiteren Artikeln. Diese wurden 2005 ersatzlos gestrichen. Seit 1992 wird überdies die ökumenische

---

[2] zu den theologischen Entwicklungen siehe auch: Wissen, Volker: Theologische Entwicklungen der Vereinigung Apostolischer Gemeinden (VAG) von 1956 bis heute, 2007, ISBN 978-3-940450-19-7

[3] In den reformatorischen/protestantischen Kirchen wird der Ausdruck "katholische Kirche", der im lateinischen Text steht, oft durch "christliche Kirche" bzw. "allgemeine Kirche" ersetzt, um sich von der römisch-katholischen Kirche abzugrenzen. Katholisch bedeutet in diesem Sinne jedoch nicht die römisch-katholische Kirche, sondern die allgemeine Kirche (gr. *katholikos* = allgemein), also die Gemeinschaft aller Christen.

Version des Vaterunsers in den deutschen Gemeinden gebetet.

Kirchenverständnis

Die Gemeinden der VAG verstehen sich als Freikirchen und sehen sich als Teil der einen, heiligen, katholischen und apostolischen Kirche. Die Mitgliedschaft wird durch einen Beitritt erklärt und ist nur von der Taufe und nicht mehr, wie bis 2005, vom Empfang des Sakramentes der Versiegelung abhängig. Im Reformiert-apostolischen Gemeindebund war dies bis zum Beitritt zur Apostolischen Gemeinschaft 1994 auch schon so. Die Taufe im Namen des dreieinigen Gottes, die in anderen Kirchen vollzogen wurde, wird ohne Einschränkung anerkannt und muss schon seit 1956 nicht mehr bestätigt werden. Die Taufe der apostolischen Gemeinden wird ebenfalls von anderen Kirchen (z.B. den evangelischen Kirchen und der römisch-katholischen Kirche) anerkannt. Besonders in Deutschland und der Schweiz gibt es aufgrund des nicht exklusiven Kirchenverständnisses eine breite Zusammenarbeit in ökumenischen Organisationen und mit anderen Kirchen.

Amts- und Apostolatsverständnis

Die VAG kennt als oberstes Leitungs- und Lehramt das Apostelamt. Dies wird jedoch nicht als heilsnotwendig angesehen. Diese in Freikirchen sonst nicht übliche Amtsbezeichnung erhebt keinen Anspruch auf Exklusivität, sondern bezeichnet einen von Jesus berufenen und bevollmächtigten Dienst. Die Aufgaben eines Apostels könnte man so beschreiben:

- für Jesus einzutreten und den Herrn groß machen
- sich als geistlicher Leiter und Begleiter zu verstehen,
- die Lehre rein zu halten und den Glauben zu entwickeln
- Nachfragen, das kann heißen, immer wieder Gott zu fragen, wie es weitergehen kann (auch theologisch)
- nicht Herren, sondern Gehilfen des Glaubens sein

- Sakramente der Kirche zu feiern
- Ermahnungen aussprechen, geistlich sein und sanftmütig
- Apostel Jesu Christi hat auch immer die ganze Kirche im Blick, auch geografisch. Aufgabe ist hier, weltweit Brücken zu bauen.

Gleichzeitig wird apostolische Vollmacht nicht nur für die eigene Gemeinschaft angenommen, sondern auch geglaubt, dass sie potenziell überall in der Kirche Christi vorhanden sein kann, ohne dass ein explizites "Apostelamt" dort existieren muss. Die europäischen Apostel treten heute mit 65 Jahren, wie alle anderen Ämter, in den Ruhestand. Bis in die 1990er Jahre lag das Ruhestandsalter der Apostel noch bei 70 Jahren.

Alle Amtsgaben erhalten ihre Vollmacht direkt von Jesus Christus, dem Haupt der Kirche. Auch das allgemeine Priestertum der Gläubigen wird betont. Dennoch gibt es eine Ordination in die verschiedenen, charismatisch verstandenen Ämter des diakonischen oder priesterlichen Dienstes. Auch die Befugnis zur Sakramentsverwaltung ist an eine Ordination in den priesterlichen Dienst gebunden. Hier nehmen die apostolischen Gemeinden also eine Stellung zwischen römisch-katholisch/anglikanischem und evangelischem Amtsverständnis ein.

Sakramentsverständnis

Die VAG kennt und feiert drei Sakramente: Taufe, Abendmahl und Versiegelung. Es sind drei unterschiedliche Bilder für das eine und vollkommene Heil Gottes. Sie sind zu unterscheiden, nicht jedoch voneinander zu scheiden. Heiliger Geist ist in allen drei Sakramenten gleichermaßen wirksam.

- In der Taufe feiert man den Bund Gottes, den er mit den Menschen macht. Die gläubige Annahme der Taufe bewirkt die Wiedergeburt aus Wasser und Geist, die Aufnahme in den neuen Bund, die Einpflanzung in den geistlichen Leib Christi. Die Taufe von Kindern geschieht aufgrund des

Willens und des Glaubensbekenntnisses der Eltern. Es wird unter fließendem Wasser im Namen des dreieinigen Gottes getauft.

- Im Abendmahl feiert man die Erlösung von Sünden und Versöhnung mit Gott. Es ist ein Gedächtnismahl an das Opfer Jesu Christi, eine Tisch- und Lebensgemeinschaft mit dem gegenwärtigen Herrn und ein Ausblick in die Zukunft. Es wird in beiderlei Gestalt (Brot und Wein) mit der ganzen Gemeinde (also auch Kindern und Gästen) gefeiert.
- In der Versiegelung feiert man den Heiligen Geist, der zu Pfingsten ausgegossen wurde. Durch diesen Geist handelt Gott am Menschen, in dem er ihn befähigt, Christus als seinen Herrn zu erkennen und im Glauben zu wachsen. Sie soll seit 2005 nicht mehr an Kindern, sondern wie die protestantische Konfirmation im jugendlichen Alter durchgeführt werden. Außerdem ist sie - ein Novum in apostolischen Gemeinden – seit 2005 nicht mehr an das Apostelamt gebunden, wiewohl sie meist noch von diesen ausgeführt wird.

Im Alter von etwa 14 Jahren werden die jungen Gläubigen konfirmiert und übernehmen damit eigenverantwortlich das Taufgelübde ihrer Eltern. Weitere Segenshandlungen finden bei Trauung, Jubiläumshochzeiten und Trauerfeiern statt.

Die Taufformel lautet:

> N.N, ich taufe dich auf den Namen des Vaters und des Sohnes und des Heiligen Geistes. Gott, der Herr, schenke dir das Kaufzeichen des Lammes. Er füge dich ein in den Leib Christi. Er schenke dir die Wiedergeburt aus Wasser und Geist.
>
> Der Herr segne dich und behüte dich; der Herr lasse sein Angesicht leuchten über dir und sei dir gnädig; der Herr hebe sein Angesicht über dich und gebe dir Frieden. (aaronitischer Segen)[4]

---

[4] Vereinigung der Apostel der Apostolischen Gemeinden in Europa: Sakramente in apostolischen Gemeinden, Essen, Mai 2005, S. 24

Das Konfirmationsgelübde lautet wie folgt:

> Ich übergebe mich dir, dreieiniger Gott, Vater, Sohn und heiliger Geist mit dem festen Vorsatz, beständig zu sein in der Apostel Lehre, in der Gemeinschaft, im Brotbrechen und im Gebet. Amen.

Zur Versiegelung wird folgende Formel verwendet:

> In dem Namen Gottes des Vater, des Sohnes und des Heiligen Geistes: Der Herr, unser Gott, erfülle dich mit dem Heiligen Geist, mit dem er dich versiegelt hat, als du gläubig wurdest. Er erwecke in dir die Gaben des Geistes. Er schenke dir Erkenntnis seines Sohnes und Wachstum im Glauben nach dem Maß seiner Gnade.
>
> Die Gnade unseres Herrn Jesus Christus und die Liebe Gottes und die Gemeinschaft des Heiligen Geistes sei mit dir! (apostolischer Segen)[5]

Ämter

Die VAG kennt folgende Ämter: Apostel, Bischof, Ältester, Evangelist, Hirte, Priester und Diakon. Seit dem 2003 für Europa gefassten Beschluss zur Frauenordination sind alle diese Ämter grundsätzlich auch für Frauen geöffnet. Inwieweit in den nächsten Jahren Ordinationen in alle Amtstufen erfolgen werden, bleibt abzuwarten. Derzeit gibt es in Deutschland lediglich ordinierte Diakoninnen und in den Niederlanden eine Priesterin.

Eine strenge Hierarchie gibt es unter den Ämtern nicht, wohl aber ein unterschiedliches Maß an Verantwortung. Neben den charismatischen Ämtern des Diakons, Priesters, Hirten, Evangelisten und Apostels nach der biblischen Beschreibung in Epheser 4 gibt es noch die Leitungsämter des Ältesten und des Bischofs. Bis auf die Diakone gehören alle Amtsgaben zum priesterlichen Dienst. Das Prophetenamt, das in den ersten apostolischen Gemeinden des 19. Jahrhunderts eine besondere Rolle spielte, ist derzeit nicht besetzt, wird aber als möglich betrachtet. In den letzten Jahren wird auch weniger von „Ämtern" als mehr von „Dienst" gesprochen, denn es wird versucht, eine gabenorientierte Mit-

[5] Vereinigung der Apostel der Apostolischen Gemeinden in Europa: Sakramente in apostolischen Gemeinden, Essen, Mai 2005, S. 44

arbeiterschaft – auch unter den nichtordinierten Mitarbeitern – aufzubauen.

Diakoninnen gab es in den reformiert-apostolischen Apostelbezirken schon vor 1955. Seit dieser Zeit gab es jedoch – eventuell aufgrund des westdeutschen neuapostolisch geprägten Einflusses - keine Ordinationen von Frauen mehr. Im Frühjahr 2004 wurde die beschlossene Frauenordination in der VAG erstmals in Deutschland mit der Ordination von drei Diakoninnen umgesetzt: für den Bezirk Wesel wurden durch Apostel Baron drei Frauen zu Diakoninnen für die Gemeinden Borken und Voerde ordiniert, im Neujahrsgottesdienst des Bezirks Düsseldorf folgten 2005 für die Gemeinden Düsseldorf-Eller, -Gerresheim und -Mitte ebenfalls drei Diakoninnen. Im November erfolgte eine weitere Ordination im Bezirk Düsseldorf für die Gemeinde D-Benrath. Die erste Frauenordination im Apostelbezirk Köln hat am Neujahrsgottesdienst 2006 in Düren für diese Gemeinde stattgefunden (inzwischen ist diese Schwester jedoch zur Freien evangelischen Gemeinde übergetreten und übt ihren Dienst daher nicht mehr in der Apostolischen Gemeinschaft aus). Im Vogtland und in Süddeutschland sind zwei Frauen seit 2006 ordiniert. Eine Ordination im Saarland erfolgte für die Gemeinde Saarbrücken Anfang Juni 2007 durch den französischen Apostel Schaeffer. Hier übernimmt auch zum ersten Mal eine Frau im Diakonenamt die geistliche Leitung der Gemeinde, da kein priesterliches Amt zur Verfügung steht. 2008 erfolgte eine weitere Frauenordination zur Diakonin im Bezirk Wesel für die Gemeinde Emmerich. Derzeit wirken elf Diakoninnen in Deutschland in den Bezirken Wesel (4), Düsseldorf (4), Vogtland (1), Süddeutschland (1) und Saarland (1).

Die erste Diakonin in den Niederlanden wurde am 10. April 2005 ordiniert. Am 29. Juli 2007 wurde diese dann als erste Frau in der VAG ins Priesteramt ordiniert. In der Schweiz und in Frankreich gibt es zur Zeit keine weiblichen Amtsträger.

Die Mitarbeit in der Gemeinschaft erfolgt in der Regel ehrenamtlich. Lediglich die Apostel sind normalerweise angestellt. In Deutschland erfolgt die Bezahlung in Anlehnung an den Bundesangestelltentarifvertrag.

Die Leitung der Gemeinden obliegt meist einem vom Apostel eingesetzten Vorsteher bzw. Gemeindeleiter. In den letzten Jahren haben sich vielerorts auch schon Gemeindeleitungskreise mit unterschiedlichen Aufgaben- und Verantwortungsschwerpunkten gebildet, die die Gemeindeleitung eher kollektiv wahrnehmen. Auch sind etliche Gemeinden aufgrund des Mangels an priesterlichen Ämtern direkt einem Ältesten oder Bischof unterstellt.

Aufgrund überall sinkender Mitgliederzahlen sind in den letzten Jahren immer wieder Bezirke zusammengelegt und Gemeinden geschlossen worden.

Liturgie

Die heutigen apostolischen Gemeinden führen sich geschichtlich auf die Erweckungsbewegung in England und Schottland zu Beginn des 19. Jahrhunderts zurück. Diese führte zur Gründung von katholisch-apostolischen Gemeinden, in denen es aufgrund des anglikanisch-katholischen Ursprungs eine reichhaltige gottesdienstliche Liturgie, die Elemente verschiedener Kirchenliturgien enthielt, gab. Im Zuge der Trennung von den katholisch-apostolischen Gemeinden 1863 durch den Propheten Geyer und die ab 1878 entstehende neuapostolische Bewegung kam es zu einer Vereinfachung und Verflachung der reichhaltigen Liturgie. Besonders unter dem Einfluss von Apostel Schwarz, der in den calvinistisch geprägten Niederlanden bei der Mission einen schweren Stand hatte, wurde der Gottesdienstablauf immer schlichter, die liturgischen Gewänder, Utensilien und Farben abgeschafft. Die VAG hat daher seit neuapostolischer Zeit eine sehr einfache Liturgie im Gottesdienst. Es gibt eine feste Struktur, die stark an landeskirchlich-reformierte Gottesdienste erinnert. In fast allen Gemeinden findet ein Sonntagmorgengottesdienst mit Abendmahl statt, in einigen Gemeinden darüber hinaus am Mittwochabend eine Andacht. An protestantischen Feiertagen wird üblicherweise ebenfalls ein Gottesdienst mit Abendmahl gefeiert. Ein normaler Gottesdienst gliedert sich in:

- Eingangslied der Gemeinde
- Eingangsgebet
- Wortverlesung (Bibelwort für die Predigt)
- Chorgesang
- Predigt
- Gemeindegesang
- ggf. Zeugnis/Mitdienen anderer Mitarbeiter
- Sündenbekenntnis im Gebet des Vaterunsers
- Zusprache der Sündenvergebung
- Dankgebet
- Abendmahlsfeier
- Schlussgebet
- Chor- oder Gemeindegesang

Das Textwort richtet sich seit dem Kirchenjahr 2006/07 nach dem protestantischen liturgischen Kalender. Vorher gab es außer zu den Kirchenjahresfesten keinen erkennbaren Plan in der Textwortauswahl.

Sind an einem Sonntag mehrere Amtsträger anwesend, können ein oder mehrere nach der Hauptpredigt noch Gedanken zu dem Bibelwort ausführen. Eine bestimmte hierarchische Reihenfolge gibt es dabei nicht mehr. Auch der Zeugnisdienst von Mitarbeitern oder Geschwistern ist möglich.

Die Abendmahlsfeier findet in der Regel jeden Sonntag statt, wobei sie als Gedächtnismahl verstanden wird, zu dem auch die Kinder und die Gäste, die an das Opfer Jesu glauben, zugelassen sind. Es wird in beiderlei Gestalt gefeiert, wobei die Hostie in Wein oder roten Traubensaft eingetaucht wird (Intinktion). Nach einem gemeinsam gesprochenen Vaterunser, der Erinnerung an die Sündenvergebung durch Christi Tod durch ein priesterliches Amt und einem Dankgebet, öffnet der Dienstleiter die Abendmahlskelche, in denen mittig kleine Gläschen mit Wein/Saft stehen. Danach erfolgt die so genannte „Aussonderung" d.h. Gabenbereitung mit den Einsetzungsworten Jesu nach dem Matthäusevangelium. Dann kommuniziert der Dienstleiter und bedient danach die zum Altar getretenen anderen ordinierten Schwestern und Brüder, die das Abendmahl an die Gemeinde austeilen.

Heutzutage treten meist nicht mehr alle Ämter nach vorne wie in früheren Jahren. Auch Diakone und Diakoninnen empfangen heute das Abendmahl vor der Gemeinde bzw. teilen dieses aus.

Die nicht festgeprägte Liturgie spiegelt sich darin wider, dass manche Gemeinden auch neue Wege des Gottesdienstes gehen. So sind in verschiedenen Gemeinden Lobpreis-Zeiten oder Anspiele im Gottesdienst zu finden oder es wird ein "Offener Altar" angeboten, bei dem jeder aus der Gemeinde Zeugnis geben darf. In zahlreichen Gemeinden gibt es teilweise seit Jahren Osterkerzen und in einigen Gemeinden wird derzeit versucht, den Altar- und Predigtbereich zu trennen, indem ein Ambo benutzt wird. So geschieht dies beispielsweise seit längerer Zeit bei süddeutschen Bezirksveranstaltungen und auch beim Großgottesdienst im November 2007 zur Apostelordination in Düsseldorf waren Ambo (als Rednerpult) und Altar (als Abendmahlstisch) getrennt.

Neben diesen Gottesdienstformen gibt es auch Gottesdienste mit einer ganz anderen Form, diese finden z.B. in Form von Gesprächsgottesdiensten oder speziellen Jugendgottesdiensten statt.

Der sonntägliche Gottesdienstbesuch liegt in Deutschland bei ca. 40% der Mitglieder. Dieser Anteil ist für Freikirchen eher gering, was aber damit zusammenhängt, dass die VAG die Kindertaufe praktiziert und somit viele „geborene" Mitglieder hat, die sich später nicht aktiv am Gemeindeleben beteiligen. In den traditionellen Freikirchen (Methodisten, FEG, Baptisten, Pfingstler) erfolgt eine Taufe erst im Erwachsenenalter und die Mitglieder treten den Gemeinden bewusst bei. Dies führt zu Gottesdienstbesuchsquoten von 80%. Bei den katholischen Kirchen sind es 26% und bei den evangelischen Landeskirchen nur 7%.[6] Somit liegt die VAG deutlich über den großen Volkskirchen aber auch deutlich unterhalb der traditionellen Freikirchen.

[6] Forschungsgruppe Weltanschauungen in Deutschland, Gottesdienstbesuch 1952-1999 (Stand 16.04.2006) gemäß der Internetseite: http://fowid.de/fileadmin/datenarchiv/Gottesdienstbesuch__regelm__ig__1952-1999.pdf

Kirchenmusik

Bis 2005 benutzten die deutschsprachigen Gemeinden das 1959 herausgegebene Apostolische Gesangbuch, welches 612 Lieder umfasste, die in die Rubriken *Gottesdienst, Sakramente, Segenshandlungen, das christliche Kirchenjahr und zu besonderen Gelegenheiten* gegliedert waren. Seit 2005 ist es durch ein neues Gesangbuch mit dem Titel *Singt dem Herrn* ersetzt. Dieses gibt es als einstimmige Gemeinde- und vierstimmige Chorausgabe. Es umfasst 604 Lieder, die in die drei Hauptrubriken *das christliche Kirchenjahr, die Feier des Gottesdienstes und Leben im Glauben* gegliedert sind. In den Niederlanden gibt es ein eigenes Gesangbuch mit 312 Liedern. In Zusammenarbeit mit dem Hänssler Verlag wurde in den 60er Jahren ein braunes Chorbuch herausgegeben, in dem sich viele Lieder von apostolischen Liederdichtern und Komponisten (z.B. Wigman, Brunsch, Himmelberg, Welskopf) finden. Zudem benutzen die Gemeindechöre oft noch Liederbücher in der sich neuere geistliche Lieder finden.

Fast alle Gemeinden verfügen über elektronische Orgeln (die Kirchen Zwickau und Düsseldorf-Mitte auch über Pfeifenorgeln), mit denen der Gemeindegesang während des Gottesdienstes begleitet wird. Zur besonderen Tradition apostolischer Gemeinden gehört seit neuapostolischer Zeit der Gemeindechor, der – sofern in mittleren und größeren Gemeinden vorhanden - jeden Gottesdienst mitgestaltet bzw. musikalisch umrahmt. Außerdem gibt es noch Projekt-, Bezirks- und Jugendchöre.

Kircheneigene Periodika

Eine Monatszeitschrift „Der Herold“ wird seit September 1954 herausgegeben. Dies war zunächst eine Halbmonatsschrift der jungen schweizerischen „Vereinigung Apostolischer Christen“. Bereits vor 1906 gab es eine neuapostolische Zeitschrift mit diesem Namen, die jedoch ab 1. Januar 1907 mit der „Wächterstimme“ zum „Apostolischen Sonntagsblatt“ zusammen gelegt wurde. Die Redaktion des Herolds lag von 1954 an zunächst bei Apostel Otto Güttinger aus Zofingen in der Schweiz. Ab 1955 wurde der Herold auch von den aus der NAK ausgeschlossenen Mitgliedern in Deutschland gelesen und dann auch offizielle Kirchenzeitschrift der „Apostolischen Gemeinschaft". Zum Jahreswechsel 1983/84 ging die Redaktion auf die Verwaltung der „Apostolischen Gemeinschaft" in Düsseldorf über. Mit dem Jahreswechsel 1991/92 änderte der Herold seinen Untertitel von „Monatsschrift zur Pflege apostolischen Glaubens" in „Monatsschrift der Vereinigung Apostolischer Gemeinden". In den 1970er und 1980er Jahren gab es in Deutschland noch eine Zeitschrift namens „Blickpunkt", die aber am 1. Januar 1993 mit dem „Herold" zusammengelegt wurde. In den Niederlanden gibt es die Zeitschrift „De Bazuin Sions" und in Frankreich eine vervielfältigte Übersetzung des Herolds namens „Le Héraut".

Im Folgenden sollen nun die einzelnen Gliedkirchen der VAG bzw. der „Vereinigung der Apostel der apostolischen Gemeinden“ vorgestellt und auch Besonderheiten oder Abweichungen von dem bisher Geschriebenen angesprochen werden. Die Reihenfolge richtet sich dabei nach der chronologischen Entstehung der jeweiligen Gemeinschaft.

Apostolic Church of Queensland (ACQ)

Die **Apostolic Church of Queensland** ist eine Freikirche in Australien, die ihre Wurzeln in der englischen Erweckungsbewegung der katholisch-apostolischen Gemeinden hat. Sie ist 1886 als eigenständige, in Queensland registrierte Organisation entstanden und keine Abspaltung von der Neuapostolischen Kirche da diese zum Entstehungszeitpunkt noch nicht fest verfasst existierte. Nichtsdestotrotz geht sie natürlich auf den damals eher losen neuapostolischen Apostelverbund um den späteren ersten Stammapostel Fritz Krebs zurück.

Das Logo der Kirche ist das 4R-Symbol. Die vier "R" stehen für: *right - royal - righteous - rich*. *Richtig* in Bezug auf die biblischen Schriften, *königlich* in Bezug auf die Brautgemeinde Christi, *rechtschaffen* in Bezug auf die Teilhabe am Leib und Blut Christi und *reich* in Bezug auf die Zusagen Christi an seine Apostel.

Entstehung

Der junge Evangelist Hermann Niemeyer wurde 1883 vom neuapostolischen Kirchenleiter Stammapostel Friedrich Krebs zur Mission nach Australien gesandt. Er siedelte dorthin und begann in Hatton Vale im Bundesstaat Queensland mit der Missionstätigkeit. Er war hauptsächlich unter deutschen Einwanderern erfolgreich tätig. Nach kurzer Zeit zählte die "Apostolische Einheits-Kirche" in Queensland bereits 80 Anhänger. 1886 wurde er zum Apostel berufen und bei einem Deutschlandbesuch als Apostel ordiniert. Als nach dem Tode von Stammapostel Krebs dessen Nachfolger Hermann Niehaus die Vorrangstellung des Stammapostels gegenüber den anderen Aposteln immer stärker betonte und verschiedene Veränderungen in der Neuapostolischen Kirche umsetzte, kam es zum Konflikt. Nach einer Apostelkonferenz in Deutschland erklärte Niehaus 1911 Niemeyer als seines Amtes enthoben. Alle australischen Mitglieder der Apostolischen Einheits-Kirche folgten jedoch weiterhin Niemeyer. Die Geschichte der Neuapostolischen Kirche fängt daher in Australien erst nach 1911 an.

Während des Ersten Weltkrieges war Niemeyer als Deutscher interniert. Dadurch verschlechterte sich sein Gesundheitszustand sehr und recht kurz nach seinem Freikommen verstarb er 1920. Sein Sohn Wilhelm (Willy) war bereits 1912 von seinem Vater als Apostel ordiniert worden und übernahm die Kirchenleitung. Nach 1918 wurde außerdem als Predigtsprache das Deutsche durch das Englische abgelöst und der Name in "The Apostolic Church of Queensland" geändert. Zu dieser Zeit gab es wohl noch ein Prophetenamt, welches die anderen Amtsgaben rief. Es wurde offenbar abgeschafft, denn in der Folgezeit wurden Amtsrufungen und -einsetzungen nach Träumen vorgenommen.

Nachfolger von Willy Niemeyer wurde Emil Zielke, der 1961 zwei Apostel einsetzte: Arnold Edward Zielke (1905-1988) und Arnan Niemeyer (1908-1995). Die Kirche wurde in zwei Bezirke: Nord- und Süd-Queensland geteilt. Nachfolger von Arnan Niemeyer wurde 1977 Mervyn Zischke (1927-1988). Im Jahre 1988 starben in sehr kurzer Folge die beiden amtierenden australischen Apostel ohne Nachfolger eingesetzt oder benannt zu haben. Aufgrund der Verbindungen innerhalb der Vereinigung oblag es den europäischen Aposteln neue Kirchenleiter einzusetzen. Dabei erwiesen sich deutliche Unterschiede zwischen Europa und Australien, da auf dem fünften Kontinent Träume eine große Rolle spielten. Auch wollte der konservativere Südbezirk nur einen neuen Apostel und keine Neubesetzung beider Stellen. Erst am 23. September 1990 erfolgte deshalb die Ordination des Ältesten Kenneth Dargusch (Süd-Queensland) und des Priesters Clifford Flor (Nord-Queensland) zu Aposteln im Beisein von 1.500 Geschwistern in der Zentralkir che in Hatton Vale (Australien) durch den südafrikanischen Apostel Erasmus. Die Apostel Gaßmeyer aus Düsseldorf und Kröner aus den Niederlanden dienten mit.

aktuelle Situation

Die Kirche ist in einen nördlichen und einen südlichen Distrikt geteilt. Der Nordbezirk wird von Apostel Clifford Flor aus Bundaburg geleitet und umfasst 16 Gemeinden. Dem Südbezirk mit 12 Gemeinden steht Apostel Kenneth L. Dargusch aus Hatton Vale vor.

Von Australien aus begann in den 1990er Jahren eine andauernde Missionstätigkeit auf den Philippinen, die zur Gründung der **United Apostolic Church of the Philipines** mit aktuell 26 Gemeinden in 3 Bezirken führte. Außerdem besteht eine Mission in Kenia unter dem Namen „**Unity Apostles Church**".

Lehre und Glaubensbekenntnis

Die europäischen Apostel der Vereinigung Apostolischer Gemeinden haben seit den 1970er Jahren die Lehre der Neuapostolischen Kirche sukzessive reformiert und 1984 mit dem Glaubensbuch *Was wir glauben* eine umfassende eigene Lehraussage getroffen, die sich biblisch orientiert. Diese Reformation wurde von Apostel Zielke mitgetragen, Apostel Zischke hingegen stand ihr ablehnend gegenüber. Das Glaubensbuch ist dennoch ins Englische übertragen, aber teilweise verändert worden, und heißt *Book of Faith*. Apostel Zielke trat außerdem für weitere Änderungen in der Kirche ein, stiess bei Apostel Zischke aber auch damit auf Widerstand. Die australischen Gemeinden haben ein Glaubensbekenntnis aus vier Artikeln.

Glaubensbekenntnis der Apostolic Church of Queensland

Wir glauben an Gott, den allmächtigen Vater, Schöpfer des Himmels und der Erde.[7]
Wir glauben an Jesus Christus, den eingeborenen Sohn Gottes des Vaters unseren Herrn und Heiland, der empfangen wurde durch den Heiligen Geist,

---

[7] engl. Originaltext nach der Internetseite der ACQ: We believe in God the Father Almighty, Creator of Heaven and Earth.

geboren von der Jungsfrau Maria, gelitten hat am Kreuz, gestorben und begraben wurde, hinab gestiegen ist in das Reich des Todes, am dritten Tag auferstanden ist, seine Jünger 40 Tage lang über das Reich Gottes unterrichtete, zum Himmel auf- und eingefahren ist wo er als Hohepriester zur Rechten Gottes des Allmächtigen thront, von dort wird er wiederkommen seine Erwählten zu holen und am Tag des Jüngsten Gerichts wird er die Lebenden und Toten richten.[8]
Wir glauben an den Heiligen Geist, die Heilige Universelle Apostolische Kirche, die Gemeinschaft der Heiligen, Vergebung der Sünden und die Auferstehung zu ewigem Leben.[9]
Wir glauben, dass Jesus Christus das Haupt seiner Kirche ist, die er leitet und durch den Heiligen Geist führt und dass er ihr seine Apostel sandte und noch sendet[10].

Die Artikel 1 bis 3 entsprechen weitgehend dem Apostolikum wobei hier im Hinweis auf die „universelle apostolische Kirche“ die Einheit der VAG-Gemeinden betont wird. Man hat hier wohl eher nicht die gesamte Kirche Christi des Notae Ecclesiae im Blick, sondern nur die eigene Kirchenabteilung. Der vierte Artikel entspricht dem europäischen Artikel 4 des Bekenntnisses von 1984. Auf weitere Artikel über die Sakramente bzw. die Wiederkunft Christi haben die Australier im Gegensatz zu den Europäern verzichtet.

In den 1990er Jahren gingen die europäischen Apostel der Vereinigung daran, die Frauenordination zu diskutieren und schließlich 2003 zu beschließen sowie das Kirchen-, Sakraments- und Amtsverständnis

---

[8] engl. Originaltext nach der Internetseite der ACQ: We believe in Jesus Christ, the only begotten Son of God the Father our Lord and Saviour, who was conceived by the Holy Ghost, born of the Virgin Mary, suffered on the Cross by Crucifixion , died and buried, descended into Hades, on the third day arose, taught His disciples for 40 days of the mysteries of the kingdom of God, ascended up and into Heaven,and as the High Priest sitteth at the right hand of God the Almighty, from thence He will come again to take the Members of the Elect unto Himself and on the last Judgement Day to judge the Quick and the Dead.

[9] engl. Originaltext nach der Internetseite der ACQ: We believe in the Holy Ghost, the Holy Universal Apostolic Church, the Communion with the Saints, forgiveness of Sins and the Resurrection to life everlasting (eternal).

[10] engl. Originaltext nach der Internetseite der ACQ: We believe that Jesus Christ is the Head of His Church, which He rules and sustains through the Holy Spirit and to which He sent and continues to send His Apostles.

grundlegend zu überarbeiten. Die Australier sind hier nicht gefolgt. Daher gibt es neben starken liturgischen nun auch lehrmäßige Abweichungen zu den europäischen Gemeinden.
Das Apostelamt wird auf der Südhalbkugel wesentlich stärker betont und als heilsnotwendig betrachtet. Das allgemeine Priestertum der Gläubigen ist gegenüber dem ordinierten Amt daher von geringer Bedeutung.

Liturgie

Der Gottesdienstablauf stellt sich in der Regel wie folgt dar:

- Aufruf zur Anbetung durch ersten Glockenschlag
- zweiter Glockenschlag ruft die Amtsbruder zum Altar
- Eröffnung im Namen des dreieinigen Gottes
- Gemeindelied
- Eingangsgebet
- Chor- oder Gemeindegesang
- Textwortverlesung
- Predigt(en) unterstützt von Bibeltexten
- evtl. Chorgesang zwischen zwei Predigten
- Dankgebet für die Wortverkündigung
- Vaterunser
- Gebet, welches zum stillen Sündenbekenntnis führt
- Zusprache von Gottes Gnade in der Sündenvergebung
- Dankgebet für die Sündenvergebung
- Gemeindegesang während das Abendmahl vorbereitet und die freiwilligen Spenden zum Altar gebracht werden
- Aussonderung des Abendmahls / Segnung der Spenden
- Abendmahl, zunächst für die Amtsträger, dann für alle Verlangenden in der Gemeinde
- Dankgebet
- besonderes Dankgebet von Gemeindemitgliedern
- Schlussgebet
- Gemeindegesang
- aaronitischer Segen
- Gemeindegesang eines dreifachen Amens und des

apostolischen Segens.

- Chorgesang während die Amtsträger und Gottesdienstbesucher die Kirche verlassen

Änderungen dieser Liturgie kommen bei Taufen, Versiegelungen und sonstigen Segenshandlungen vor. Nach dem Gottesdienst versammeln sich die Kinder und Jugendlichen zur Sonntags- bzw. Jugendschule.

Es ist zu erkennen, dass die australische Liturgie länger ist als die europäische. Gottesdienste dauern auch gewöhnlich mehrere Stunden und die Geschwister verbringen oft den ganzen Tag zusammen, nach dem Gottesdienst im immer vorhandenen Gemeindehaus und bei sportlichen Aktivitäten.

Die Kleidung der Amtsträger unterscheidet sich ebenfalls von dem europäischen dunklen bzw. gedeckten Anzug. Apostel tragen vor und nach dem Gottesdienst beim Ein- und Auszug in die Kirche einen Cut und einen Zylinder. Schwarz – wie in der neuapostolischen Kirche – ist die Anzugfarbe. Außerdem tragen die Amtsträger keine Krawatten, sondern schwarze Fliegen.

Die Gemeinschaft unterhält einen Internetauftritt unter:

www.apostolicchurchqld.org.au

Apostolic Church of South Africa - Apostle Unity (AU)

Die Apostolic Church - Apostle Unity ist eine südafrikanische Freikirche. Sie wurde ab 1889 von Australien aus gegründet und entstand in ihrer jetzigen Form 1956 als Zusammenschluss einer Gemeinschaft, die sich 1955 von der Neuapostolischen Kirche (NAK) getrennt hatte und südafrikanischen Gemeinden der Apostolic Church of Queensland. Die Gemeinschaft benutzt als Logo das gleiche „4 R"-Symbol der Australier.

Entstehung

Geschichte der Klibbe-Gruppe

Der australische Apostel Heinrich F. Niemeyer ordinierte 1889 Carl Klibbe (*1852-†1931) zum Evangelisten und entsandte ihn zur Mission nach Südafrika. Klibbe siedelte nach Südafrika über und begann seine Missionstätigkeit zunächst mit geringem Erfolg. 1893 wurde er in Australien zum Apostel berufen und am 8. Juli 1893 von Heinrich F. Niemeyer in das Apostelamt eingesetzt. Da die Stellung des Stammapostels zu dieser Zeit noch nicht fest verfasst war, hatte jeder Apostel der apostolischen Gemeinden das Ordinationsrecht. 1908 unterstellte Klibbe sich während eines Aufenthaltes in Deutschland direkt dem Stammapostel. 1911 wurde Heinrich F. Niemeyer aus Australien wegen unterschiedlicher Positionen in Bezug auf die Vorrangstellung des Stammapostels aus der NAK ausgeschlossen und machte selbständig weiter. 1913 traf Carl Klibbe das gleiche Schicksal. Er führte die von ihm gegründeten Gemeinden, die sich zu diesem Zeitpunkt *Neuapostolische Gemeinde* nannten, weiter, doch musste er die Gemeinden nach einem langjährigen Rechtsstreit mit der Neuapostolischen Kirche 1927 in **The Old Apostolic Church of South Africa** umbenennen. 1913 berief er in Swakopmund, Namibia, seinen Schwiegersohn H. Velde zum Priester und entsandte ihn nach Johannesburg, Südafrika. Später wurde dieser dann zum Evangelisten und Ältesten ordiniert. Am 8. September 1930 wurde H. Velde als Apostel berufen und am 3. April 1931 in Hatton Vale, Australien, als Apostel ausgesondert. Sowohl Klibbe als auch Velde hielten engen Kontakt zu den australischen Gemeinden. Apostel Velde verunglückte am 27. September 1956 bei einem Autounfall in Wynberg, Kapstadt, tödlich.

Die „Old Apostolic Church", die in Afrika über eine Million Mitglieder hat und keine Verbindungen zur VAG unterhält, beruft sich auch auf Carl Klibbe als ihren Gründer, weil dieser nach einem Namensrechtsstreit mit der Neuapostolischen Kirche im Juni 1927 die „Old Apostolic Church" registrieren lies. Über die Geschichte dieser Kirche und der Velde-Gruppe finden sich leider keine Angaben. Im Jahre 2007 erfolgte in Deutschland die Gründung der Altapostolischen Kirche, die sich als deutscher Teil dieser Kirche betrachtet. Theologisch besteht Verwandtschaft zum „Apostelamt Jesu Christi".

Geschichte der Erasmus-Gruppe

Zeitgleich mit der Absetzung von Klibbe setzte Stammapostel Hermann Niehaus am 21. September 1913 Wilhelm Schlaphoff (†1928) während dessen Europareise als Apostel ein, um einige neuapostolische Gemeinden Südafrikas, die dem Stammapostel und Schlaphoff folgten, weiterzuführen. Aufgrund unterschiedlicher Sehensweisen des Stammapostelamtes und wegen der "Botschaft" des neuapostolischen Stammapostels Johann Gottfried Bischoffs, die Wiederkunft Christi würde zu seinen Lebzeiten stattfinden, kam es 1951-1955 weltweit zu Unruhe in der Neuapostolischen Kirche und zu Ausschlüssen von Oppositionellen. In Südafrika waren 1954 davon die Apostel Philippus Jacobus Erasmus (*1904-†1960) und Dani C. Smuts Malan (*1918-†1968) sowie Heinrich Franz Schlapphoff (*1894-†1965) (Sohn von Wilhelm Schlaphoff), letzterer war Stammapostelhelfer für die südliche Erdhalbkugel, betroffen. Sie standen einem blühenden Bezirk mit etwa 60.000 Mitgliedern vor und gründeten die **Apostolic Church**. Ihnen folgten sehr viele Mitglieder. Apostel Schlaphoff übernahm jedoch keinen aktiven Dienst mehr.

Zusammenschluss

Die beiden Gruppen, die über die europäischen und australischen Gemeinden von einander wussten, suchten Kontakt zu einander. Aufgrund des plötzlichen Unfalltodes von Apostel Velde im Jahre 1956 war es aber nicht mehr zu einem Treffen mit Apostel Erasmus gekommen. Der Nachfolger von Apostel Velde, der Älteste Petersen der **Apostolic Church of South Africa,** wurde aber vom australischen Apostel Zielke gebeten, sich mit der Erasmus-Malan-Gruppe zu treffen. Dies geschah und am 23. November 1956 wurde in Kapstadt eine Übereinkunft über den Zusammenschluss erzielt. Etwa 800 Mitglieder und 3 Kirchengebäude (Kraaifontein und Lansdowne in Kapstadt, sowie Berlin in East London) wurden in die nun **Apostolic Church of South Africa - Apostle Unity** genannte Gemeinschaft eingebracht. Bereits im Juli 1956 hatte sich die **Apostolic Church** der internationalen „Vereinigung der Apostel der apostolischen Gemeinden“ angeschlossen.

Lehre und Glaubensbekenntnis

Die Gemeinschaft hat ein aus sieben Artikeln bestehendes Glaubensbekenntnis:

1.) Ich glaube an Gott den allmächtigen Vater, den Schöpfer Himmels und der Erde, aller sichtbaren und unsichtbaren Dinge. Und in Jesus Christus den einzigen eingeborenen Sohn Gottes, aus dem Vater geboren vor aller Zeit, Gott von Gott, Licht vom Licht, wahrer Gott aus dem wahren Gott, geboren und nicht geschaffen nach dem Bildnis des Vaters der alles gemacht hat, der wegen uns und der Menschen Erlösung aus dem Himmel herabstieg und Fleisch durch den Heiligen Geist aus der Jungfrau Maria wurde, der für uns gekreuzigt wurde, unter Pontius Pilatus litt, begraben wurde und am dritten Tage nach der Schrift auferstand und zur rechten Hand Gottes des Vaters sitzt, er wird wiederkommen in Herrlichkeit zu richten die Lebendigen und Toten, dessen Königreich dann niemals enden wird. Ich glaube an den Heiligen Geist der Herr und Leben ist, der vom Vater und vom Sohn ausgeht, verherrlicht und versprochen durch die Propheten. Ich glaube an die Heilige Apostolische Kirche und die eine Taufe zur Vergebung der Sünden, die Auferstehung der Toten und das ewige Leben. Amen.[11]

2.) Ich glaube, dass Jesus seine Gemeinde durch Apostel regiert und dass er Apostel sandte und noch sendet so wie der Vater ihn gesandt hat. Seine Apostel lehren und taufen alle Menschen der Erde mit dem Geist in seinem Namen.[12]

3.) Ich glaube, dass alle Ämter der Gemeinde Christi von lebenden Aposteln eingesetzt und ordiniert werden.[13]

4.) Ich glaube, dass die Heilige Wassertaufe ein Teil der Wiedergeburt ist und dass der Empfänger die Anwartschaft auf den Heiligen Geist erhält. Sie ist ferner der Bund eines guten Gewissens mit Gott.[14]

5.) Ich glaube, dass das Heilige Abendmahl von Jesus Christus als Symbol seines Opfers, seines Leidens und Todes eingesetzt wurde und dass der würdige Genuss die Lebensgemeinschaft mit Christo verbürgt,

---

[11] engl. nach dem Originaltext der Internetseite der AU: I believe in God the almighty Father, the maker of Heaven and earth, and of all visible and invisible things. In one Jesus Christ the only begotten son of God, born out of the Father before all centuries, God out of God, light out of light, true God out of true God, born and not made after the same image as the Father by whom everything was made, who on behalf of the people, and our salvation, descended from Heaven and became flesh through the Holy Spirit out of the Virgin Mary, and who was crucified for us, suffered under Pontius Pilate, was buried and who resurrected on the third day according to scripture and sitteth at the right hand of God the Father, and will return again in glory to judge the quick and the dead, whose Kingdom will have no end. I believe in the Holy Ghost who is Lord and Life which comes from the Father and the Son, are glorified and spoken through the prophets. I believe in the Holy Apostolic Church, and confess one Baptism for the forgiveness of sins, the resurrection of the dead and everlasting life hereafter. Amen

[12] engl. nach dem Originaltext der Internetseite der AU: I believe that Jesus rules His congregation through Apostles and that He has sent His Apostles and still will do so similarly as the Father has sent Him. His Apostles will in His name and in His order preach and baptise with the Spirit, all people on earth.

[13] engl. nach dem Originaltext der Internetseite der AU: I believe that all administrations in the congregation of Christ are arranged and ordained by living Apostles.

[14] engl. nach dem Originaltext der Internetseite der AU: I believe that the Holy Baptism by water is part of the rebirth and that the recipient acquires the participation to receive the Holy Spirit; that it is also the Alliance of a good consciousness with God.

dass es mit ungesäuertem Brot und Wein gefeiert und beides von einem priesterlichen Amt konsekriert werden muss.[15]

6.) Ich glaube, dass die, die glauben und getauft sind durch Handauflegung eines lebenden Apostels mit dem Heiligen Geist versiegelt werden müssen, wodurch sie zu Erstlingen werden und die empfangenen Gaben der Heiligen Versiegelung offenbaren.[16]

7.) Ich glaube, dass der Herr Jesus so gewiss wiederkommen wird, wie er gen Himmel gefahren ist und dass bei seinem glorreichen Erscheinen die Erstlinge aus den Lebenden und Toten, die auf seine Wiederkunft gehofft haben, verwandelt und mit ihm vereinigt werden und sie mit ihm als Könige und Priester im Reiche des Friedens regieren werden. Ich glaube, dass Jesus Christus mit seinen Heiligen zum Jüngsten Gericht erscheinen wird und dass dann alle noch Lebenden samt den Toten nach ihren Werken, seien sie gut oder böse, gerichtet werden.[17]

Dieses Bekenntnis ist in weiten Teilen identisch mit dem Glaubensbekenntnis der europäischen Gliedkirchen von 1958. Dort wurde es jedoch 1984 und 2005 aufgrund eines geänderten Verständnisses der Ämter und Sakramente verändert und gekürzt, während die Südafrikaner ihr Bekenntnis unverändert ließen. Dies ist insofern bemerkenswert als die australischen Gemeinden, an denen sich die Südafrikaner oft orientieren, die Reformen von 1984 offenbar noch mitgetragen haben. Das Bekenntnis der Südafrikaner zeigt in der Betonung des „lebenden Apostelamtes" und in der Bezeichnung der Taufe als „nur einen Teil der

---

[15] engl. nach dem Originaltext der Internetseite der AU: I believe that the Holy Communion is introduced by Jesus Christ as symbol of His sacrifice, of His Passion and Death; that the worthy partaking of it, guarantees the live communion with Christ and that it is celebrated with unleavened bread and wine being consecrated by an Administration Priest.

[16] engl. nach dem Originaltext der Internetseite der AU: I believe that those who believe and baptised must be sealed with the Holy Spirit by the laying on of the Hand of a living Apostle and thereby be numbered among the first-born and so reveal the Spiritual Gift received through the Holy Sealing.

[17] engl. nach dem Originaltext der Internetseite der AU: I believe that the Lord Jesus will return again as surely as He ascended into Heaven and with His return in glory both the living and the dead of the firstborn who hoped for His return will be transformed to be united with Him and will reign with Him as Kings and Priests in His Kingdom of peace; I believe that Jesus Christ with His Holy ones will return for the Last Judgement at the end of time when those who are still alive while still in the body, together with the dead, will be judged according to their works, be it good or evil.

Wiedergeburt" noch einen anderen Geist als in Europa. Die europäischen Reformen von 1984 und erst recht die von 2005 in Bezug auf das Kirchen-, Amts- und Sakramentsverständnis wurden offenbar nicht übernommen.

Kirchenverwaltung

Die Apostolic Church (Apostle Unity) wird von einem Administrator und einem Rat, dem die Bischöfe und fünf weitere Mitglieder für die Dauer von zwei Jahren angehören, verwaltet.

Der Administrator entscheidet zusammen mit dem Rat über die Verwendung der finanziellen Mittel. Eine Satzung regelt die Verpflichtungen und Befugnisse der Beteiligten. Die Vermögenswerte der Kirche stehen nicht im Eigentum oder unter der Kontrolle einer Einzelperson. Diese Klausel wurde wahrscheinlich nach den Trennungserfahrungen mit der NAK aufgenommen, denn 1955 standen die vielen Mitglieder mittellos da, da die NAK alle Vermögenswerte für sich beanspruchte.

aktuelle Situation

Am 14. Mai 1972 wurden durch Apostel P.J. Erasmus zwei neue Apostel berufen: sein Sohn Johannes Philippus Erasmus (*1943) und Josua Jeremia Joubert (*1932-†). 1978 trat P.J. Erasmus in den Ruhestand. Er verstarb am 26. Oktober 1986. 1989 wurde im damaligen Homeland Venda eine Mission eingerichtet. Im Februar 1993 feierten die südafrikanischen Gemeinden ihr 100jähriges Jubiläum. Am 27. Juli 1997 trat Apostel Joubert in den Ruhestand.

Die Kirche ist derzeit in 8 Bezirke mit insgesamt 35 Gemeinden untergliedert. Genaue Mitgliederzahlen liegen leider nicht vor, es dürften mehrere Tausend sein. Verbreitungsschwerpunkte sind die Provinzen Westkap und Gauteng. Sitz der Gemeinschaft ist Johannesburg, wo in Crosby auch eine sehr große Kirche (von den Südafrikanern „cathedral" genannt) steht. Die Gemeinschaft verfügt über insgesamt 16 eigene Kirchengebäude. Die Mitglieder sind im östlichen Südafrika zumeist Weiße, im westlichen und zentralen Landesteil mehrheitlich

Farbige bzw. Schwarze. Im neuen Südafrika wird aufgrund der Apartheitsvergangenheit die ethnische Zugehörigkeit jedoch nicht mehr erfasst.

Die Gemeinschaft benutzt ein Gesangbuch, das ein für die Kirche authorisierter Nachdruck mit anderem Einband eines bestehenden Liederbuches ist. Das Gesangbuch ist ohne Noten und ist zweispaltig in Afrikaans und Englisch aufgebaut. Der Titel ist „Lofliedere – Songs of Praise“ (ISBN 0620 095 717). Es enthält 194 Lieder sowie 29 Chorusse.

Die Gemeinschaft unterhält einen Internetauftritt unter:

www.apostle-unity.co.za

Reformiert-Apostolischer Gemeindebund (RAG)

Entstehung

Der Reformiert-Apostolische Gemeindebund war von 1921 bis 1994 eine christliche Freikirche in der Tradition der katholisch-apostolischen Gemeinden. Sein Hauptverbreitungsgebiet war Sachsen und Thüringen mit weiteren Gemeinden in Schlesien, Süddeutschland, Westfalen und den Niederlanden.

Der RAG entstand durch Ausschluss der Apostel Carl August Brückner (1872-1949) und Max Ecke (1876-1965) aus der Neuapostolischen Kirche. Der Stammapostel und Hauptleiter Hermann Niehaus ging diesen Schritt am 17. April 1921, weil sich Apostel Brückner gegen die Machtfülle des Stammapostelamtes gewandt und zeitgemäße Reformen von Lehre und Leben gefordert hatte. Apostel Brückner wurde seiner Ämter enthoben und aus der Kirche ausgeschlossen. Dieser Ausschluss ist vom Stammapostel und acht weiteren Aposteln (J.G. Bischoff, A. Güldenpfennig, C. Meuser, E. Hallmann, W. Oehlmann, A. Hölzel, v. Oosbree und O. Steinweg) unterschrieben.

Am 5. Mai 1921 erklärten sich 89 Amtsträger mit Apostel Brückner solidarisch und 6.000 Gemeindemitglieder schlossen sich ihnen an. Es entstanden unabhängige reformiert-apostolische Gemeinden, die sich jedoch erst 1924 im Reformiert-Apostolischen Gemeindebund vereinsrechtlich organisierten. Das oberste Leitungsorgan des RAG war das Bundeskonzil, dem Apostel C. A. Brückner als sogenannter Apostelältester vorstand. Mit dem Beginn des Nationalsozialismus war die Blüte der Gemeinschaft vorbei und man entging dem Verbot durch weitgehende, innerhalb des Kreises der Amtsträger aber nicht unumstrittene Anpassung. 1933 trennten sich unter Führung von Robert Brückner sen. viele Mitglieder der Gemeinden Leipzig und Netzschkau vom RAG und traten in die evangelische Landeskirche ein.

Apostel Brückner soll mehrfach wegen Hetze gegen die NSDAP und wegen der Durchführung verbotener Versammlungen denunziert worden sein.

Der Neuanfang und die Neubesinnung wurden nach dem Krieg von Apostel Max Ecke übernommen, dem Alwin Ostermann und ab 1951 Paul Schmidt zur Seite standen. Apostel Ecke gelang es 1956 in Düsseldorf eine Übereinkunft mit anderen ausgeschlossenen Aposteln und Gemeinden zu erzielen.

Die westdeutschen reformiert-apostolischen Gemeinden wurden - auch aufgrund der politischen Ereignisse des Kalten Krieges - mit den Gemeinden der Apostolischen Gemeinschaft aus Düsseldorf vereinigt. In den Niederlanden schlossen sich die 1926 entstandenen reformiert-apostolischen Gemeinden der **Hersteld Evangelische Apostolische Gemeente** und die der 1955 gegründeten **Apostolische Stichting** zur **Apostolischen Geloofsgemeenschap** (ab 1980: Gemeente van Apostolische Christenen) zusammen.

Die restriktive Haltung des SED-Regimes der DDR gegenüber christlichen Glaubensgemeinschaften veranlasste die christlichen Kirchen zu einer engeren Zusammenarbeit, aus der heraus auch der RAG gute ökumenische Beziehungen zu evangelischen Landeskirchen entwickelte. Ein Beitritt zur Arbeitsgemeinschaft Christlicher Kirchen (ACK) in der DDR erfolgte jedoch, im Gegensatz zu einer anderen unabhängigen apostolischen Gruppe, dem Apostelamt Jesu Christi, nicht. Erst im November 2007 wurden die sächsischen Gemeinden Gastmitglied in der ACK Sachsen.

1954 wurde Max Müller als Apostel ordiniert. 1955 verstarb Apostel Schmidt, 1958 Apostel Ostermann. Der RAG wurde in zwei Apostelbezirke – grob gesagt das Vogtland und Ostsachsen – aufgeteilt. 1962 wurden in Görlitz die Bischöfe Erich Rabe und Rudolf Ludwig durch Max Ecke zu Aposteln ordiniert. Im Januar 1965 verstarb Max Ecke, zwei Jahre später auch Apostel Müller. 1973 wurde Kurt Kretzschmar zum Apostel für das Vogtland eingesetzt, ein Jahr später trat Apostel Rabe in den Ruhestand. Für den Dresdner Bereich wurde 1978 Frank Volkmer zum Apostel ordiniert, Apostel Ludwig trat 1980 ab. Im März 1989 übernahm Roland Böhm als Apostel die Führung des Vogtlandes. Nach seinem Ruhestand im Oktober 2003 ging dieser Bereich zusätzlich auf Apostel Volkmer über. Dieser trat nach 28jähriger Amtszeit als Apostel im März 2006 in den Ruhestand. Für etwas mehr als ein Jahr übernahm Matthias Knauth, der Apostel für das Ruhrgebiet und Norddeutschland, der selber aus Dresden stammt und viele Jahre in der Verwaltung des RAG beschäftigt war den ostdeutschen Bereich kommissarisch. Am 1. Juli 2007 wurde der Älteste Gerd Loose aus Radeberg zum neuen Apostel für Ostdeutschland ordiniert.

Lehre und Glaubensbekenntnis

Unter Apostel C.A. Brückner trat eine deutliche Liberalisierung der neuapostolischen Lehre ein. Die Vernunft wurde stärker betont und die Bibel eher historisch-kritisch betrachtet. Die in der NAK allgegenwärtige Endzeithoffnung trat stark zurück. Das Hauptanliegen war vielmehr die Erziehung zu praktischem Christentum.

Der RAG hatte ab 1924 ein vier-Artikel Glaubensbekenntnis:

1. Ich glaube an Einen Gott, den allmächtigen Vater, Schöpfer Himmels und der Erde, aller sichtbaren und unsichtbaren Dinge.

2. Ich glaube an den einigen Herrn Jesum Christum, den eingeborenen Sohn Gottes, von dem Vater vor aller Zeit gezeugt, Gott von Gott, Licht vom Licht, wahrhaftiger Gott vom wahrhaftigen Gott, gezeugt und nicht geschaffen, Eines Wesens mit dem Vater, durch welchen alle Dinge gemacht sind, der um uns Menschen und um unserer Seligkeit willen vom Himmel herabgestiegen und Fleisch geworden ist, durch den Heiligen Geist aus Maria der Jungfrau Mensch geworden; auch gekreuzigt für uns unter Pontio Pilato. Er ist gestorben, begraben und am dritten Tage auferstanden nach der Schrift, aufgefahren gen Himmel, sitzet zur Rechten des Vaters und wird wiederkommen in Herrlichkeit, zu richten die Lebendigen und Toten. Seines Reiches wird kein Ende sein.

3. Ich glaube an den Heiligen Geist, der da Herr ist und macht

lebendig; der vom Vater und dem Sohne ausgeht, der mit dem Vater und dem Sohne zugleich angebet und verherrlicht wird, der durch die Propheten und durch die Apostel geredet hat und in seiner Gemeinde bis ans Ende durch Apostel regieren, reden und wirken will.

4. Ich glaube an eine heilige allgemeine apostolische Kirche. Ich bekenne eine Taufe als das Wasserbad im Wort, ein heiliges Abendmahl zur Vergebung der Sünden und eine Heilige Versiegelung zur Heiligung des Geisteslebens und warte auf die Auferstehung des Fleisches und auf das Leben der zukünftigen Welt nach den von Jesum Christum nach der Heiligen Schrift gegebenen Verheißungen.

Zusammenschluss

Nach der deutschen Wiedervereinigung wurden Wege gesucht, die beiden freien deutschen apostolischen Gemeinschaften, den RAG und die AG, zusammenzuführen. Nach dem bundesdeutschen Vereinsrecht konnte eine Vereinigung durch Verschmelzung der beiden Vereine nicht durchgeführt werden. Ein Zusammenschluss gelang daher erst 1994 durch die Auflösung des RAG und den Beitritt der 1.170 verbliebenen Mitglieder des RAG zur Düsseldorfer "Apostolischen Gemeinschaft e. V.“. Zu dieser Zeit gab es im RAG noch 99 ordinierte Mitarbeiter: 2 Apostel, 1 Bischof, 3 Älteste, 7 Hirten und 5 Evangelisten, 26 Priester sowie 55 Diakone.

Apostelbezirk	**Bezirk**	**Mitglieder**
Vogtland	Netzschkau	501
	Greiz	200
Dresden	Radeberg/Görlitz	172
	Dresden	200
Gesamt		**1.170**

Es gab Überlegungen, für die "neue" Gesamtgemeinschaft einen neuen Namen einzuführen. Von den Ostdeutschen wurde vorgebracht, dass der RAG eine ältere Tradition als die AG habe und eine neue Namensgebung der Gesamtgemeinschaft diesem Rechnung tragen sollte, da bei

Weiterführung des Namens „Apostolische Gemeinschaft“ der Eindruck entstünde, es handele sich um eine Nachkriegsgründung. Außerdem solle das „Reformierte“ betont werden, da man sich stärker von der NAK abgrenzen wollte. Auch Prof. Helmut Obst der Universität Halle-Wittenberg und Kenner der apostolischen Gruppierungen sprach sich in einem Brief an Apostel Böhm aus dem Vogtland am 30. Juni 1994 für einen neuen Namen aus. Etwa zeitgleich suchte man für alle europäischen VAG-Gemeinden ebenfalls nach einem einheitlichen Namen. Ein Namensbestandteil „reformiert“ war jedoch in den Niederlanden, wegen der dort damit verbundenen negativen Konotation, nicht möglich. Da in der Zwischenzeit einige Zeit vergangen war, wurde die Namensproblematik nicht wieder aufgerollt und alle Gemeinschaften behielten ihre bekannten Namen. Somit ist der RAG unter Aufgabe seines Namens, nicht aber seines Anliegens, nämlich die reformatorischen Kräfte zu bündeln, in der "Apostolischen Gemeinschaft" aufgegangen. Zwar erhielt die neue Gemeinschaft nicht den Namensbestandteil „reformiert“, inhaltlich ist sie aber tatsächlich eine reformiert-apostolische Gemeinschaft geworden. Es wurde allerdings eine Chance auch für das „Abschneiden alter Zöpfe“ in den westdeutschen Gemeinden vertan, denn analog zur staatlichen Überstülpung des Westsystems, blieb das westdeutsche Gemeindeleben von der Vereinigung völlig unberührt.

Apostolische Gemeinde des Saarlandes (AGdS)

Die Apostolische Gemeinde des Saarlandes (AGdS) ist als eigenständiger Verein 1952 vom Evangelisten Herbert Schmidt nach seinem Ausschluss aus der Neuapostolischen Kirche (NAK) gegründet worden. Die Apostolische Gemeinde des Saarlandes gehörte von 1956 bis 1967 der VAG an und ist seither selbständig. Ihre Entstehung und Entwicklung sind insofern besonders interessant, als die AGdS exemplarisch für viele Splittergruppen der NAK steht, die lieber sehr kleine eigenständige Gemeinschaften gründen oder beibehalten anstatt sich größeren und existenzfähigeren Gruppen anzuschließen.

Entstehung

Im Saarland waren nach dem Ersten Weltkrieg die neuapostolischen Gemeinden bis zur Rückgliederung ins Deutsche Reich 1935 der Verwaltung des schweizerischen Bezirksapostels unterstellt. Die Neuapostolische Kirche des Saarlandes hatte Mitte der 1940er Jahre etwa 4.000 Mitglieder und war in zwei Ältestenbezirke aufgeteilt. Sie unterstand bis Ende 1948 dem Bezirksapostel Emil Buchner. Nach dem Zweiten Weltkrieg stand das Saarland unter französischer Militärverwaltung und diese verbot der neuapostolischen Kirchenleitung, die in Frankfurt am Main ihren Sitz hatte, wegen ihrer nationalsozialistischen Vergangenheit die Einreise. Außerdem plante sie seinerzeit noch eine Herauslösung des Saarlandes aus Deutschland. Aus diesem Grunde empfing der französische Militärgouverneur Gilbert Grandval im Mai 1948 den Hauptleiter der Neuapostolischen Kirche, den Stammapostel Johann Gottfried Bischoff. Der Militärgouverneur erklärte dem Stammapostel, dass die der NSDAP angehörenden neuapostolischen Funktionsträger, Bezirksapostel Emil Buchner, Bischof Gottfried Rockenfelder und Bezirksevangelist Friedrich Bischoff im Saarland unerwünscht wären. Der Stammapostel sagte eine Änderung in der Führung der neuapostolischen Kirche im Saarland zu. Außerdem bestand die Militärverwaltung darauf, dass die neuapostolischen Gemeinden im Saarland einen eigenständigen Verein namens "Neuapostolische Gemeinden des Saarlands" gründeten. Der zuständige Bezirksevangelist Herbert Schmidt reichte daraufhin bei den Behörden eine Satzung ein, die er allerdings nicht mit seiner Kirchenleitung abgesprochen hatte. Daraufhin wurde er seines Amtes enthoben. Ab Januar 1949 wurden deshalb die Apostel aus der Schweiz, Ernst und Otto Güttinger und Rudolf Schneider mit der Bedienung der saarländischen Gemeinden betraut, was jedoch nicht überall auf Zustimmung stieß. Ernst Güttinger machte die Amtsenthebung Herbert Schmidts rückgängig. Im August 1950 besuchten daher im Auftrag des Stammapostels der damalige Stammapostelhelfer Peter Kuhlen und die Apostel Georg Schall und Walter Schmidt die Gemeinden im Saarland. Teile der saarländischen Amtsträger lehnten es aber ab, mit dem Stammapostelhelfer und seinen Begleitern in Gegenwart der Apostel aus der Schweiz zu sprechen. Besonders Apostel Ernst Güttinger wurde von deutschnationalen Mitgliedern abgelehnt woraufhin sein Sohn Otto Güttinger als Leiter eingesetzt wurde.

Im Juni 1951 erfolgte seine Ablösung und er wurde kurzfristig durch Apostel Georg Schall ersetzt. Am 5. August 1951 wurde der Gemeindeälteste Christian Dauber aus Frankreich zum Bezirksapostel ordiniert und mit der Betreuung der saarländischen Gemeinden betraut. Unter der Amtsführung dieses Apostels, der in Predigten die Apostel aus der Schweiz diffamierte, kam es wiederholt zu Tumulten, die sogar Polizeieinsätze notwendig machten. In seinen Predigten beschäftigte sich Apostel Dauber gemäß der gerade aufkommenden Botschaft des Stammapostels stark mit der nahen Wiederkunft Jesu Christi was vielfach auf Widerstand stieß. Apostel Dauber versuchte diese Widerstände mit Amtsenthebungen und Ausschlüssen zu brechen.

Aufgrund eines Beschlusses der Bezirksapostelkonferenz der Neuapostolischen Kirche vom 17. Dezember 1951 wurden 1.264 Mitglieder der ca. 4.000 aus der Neuapostolischen Kirche des Saarlandes ausgeschlossen. Bezeichnend ist, dass der Beschluss noch von zwei Aposteln unterschrieben worden ist, die kurze Zeit später selber ausgeschlossen werden sollten: Peter Kuhlen und Gerrit Kamphuis. Die Ausgeschlossenen

Saarländer sammelten sich 1952 in acht Gemeinden deren Leitung die Bezirksevangelisten Herbert Schmidt und Georg Simon übernahm.

Am 11. Juni 1954 wurde auch Apostel Otto Güttinger aus der Schweiz seines Amtes enthoben und aus der Neuapostolischen Kirche ausgeschlossen. Er gründete daraufhin mit seinem Vater Ernst Güttinger die Vereinigung Apostolischer Christen in der Schweiz mit ca. 1.000 Anhängern. Überdies wandten sie sich an die Saarländer und übernahmen dort im September 1954 als ranghöchste Mitarbeiter die geistliche Führung ohne aber Mitsprache in den Gremien zu haben, denn dort konnten nach der Satzung nur saarländische Staatsangehörige Mitglied sein. Am 23. Januar 1955 folgten dann die Ausschlüsse der Apostel Peter Kuhlen, Siegfried Dehmel und Ernst Dunkmann im Rheinland, die dann am 24. Januar 1955 in Düsseldorf mit etwa 10.000 Anhängern die Apostolische Gemeinschaft gründeten.

1955 – 1967

Am 30. März 1955 konstituierte sich die „Apostolische Gemeinde des Saarlandes" offiziell als Verein. Zum Vorsitzenden wurde der inzwischen durch Apostel Otto Güttinger, am 5. September 1954 in Völklingen, zum Bischof ordinierte Herbert Schmidt gewählt. Nach der Rückgliederung des Saarlandes an die Bundesrepublik Deutschland 1957 verließen die ersten Mitglieder die Gemeinschaft und schlossen sich der Gruppe von Apostel Gaidies in Essen an. Dieser hatte sich schon früher von der Neuapostolischen Kirche gelöst und setzte sein unvergütetes Apostelamt gegen das der bezahlten neuapostolischen Apostel. Es besteht heute wohl noch immer eine kleine Restgemeinde in Essen.

Von 1957 bis 1960 wurde ein eigenes Kirchengebäude auf einem Privatgrundstück von Herbert Schmidt In der Grät in Völklingen errichtet, dass Apostel Kuhlen am Pfingstsonntag, dem 5. Juni 1960 einweihte.

Die „Apostolische Gemeinde des Saarlandes" blieb aber weiterhin aus satzungsrechtlichen Gründen organisatorisch von der Düsseldorfer Gemeinschaft getrennt, wiewohl sie sich nun geistlich deren Leitung unterstellte. Bereits seit 1957 gab es Anschuldigungen aus dem Kreis der AGdS-Amtsträger, dass Herbert Schmidt keine Delegiertenversammlungen einberiefe und keine Rechnungsprüfung zuließe. Außerdem wurde ihm ein außereheliches Verhältnis unterstellt. Es gab mehrfach Versuche der rheinischen Apostel, Schmidt zu einer Stellungnahme zu den Vorwürfen zu bewegen. Selbst sein Sohn Ortwin Schmidt wandte sich zwecks Klärung in einem vertraulichen Treffen an Apostel Kuhlen. Organisatorisch hatten die Apostel jedoch keinerlei Handhabe, selbst Untersuchungen anzustellen bzw. eine Delegiertenversammlung einzuberufen. Herbert Schmidt, als Vereinsvorsitzender der AGdS, taktierte und gewann Zeit. Es kam zu einer Fraktionsbildung innerhalb der AGdS und für die Delegiertenversammlung am 18. September 1966 lag eine Abstimmungsvorlage mit drei Alternativen vor:

1. die AGdS wird als Verein aufgelöst und die Mitglieder treten in die Apostolische Gemeinschaft (AG) ein

2. die Satzung der AGdS wird dahingehend geändert, dass Mitglieder der AG auch Mitglieder der AGdS werden und in den Vorstand gewählt werden

3. die AGdS bleibt als Verein bestehen, überträgt aber ihre Vermögens- und Finanzverwaltung auf Düsseldorf

Die AG favorisierte die Lösung 1. oder 2. und stellte für die Lösung 3 die Bedingung, dass dann Vorstandsmitglieder der AG in die AGdS eintreten dürften und dort im Vorstand vertreten wären.

Die Delegiertenversammlung lehnte jedoch alle drei Punkte ab und damit auch die Aufnahme ihrer eigenen geistlichen Leiter in die eigene Gemeinschaft. Am 17. Februar 1967 kam es zu einer Brüderversammlung mit Kritikern Schmidts und ihm. Er enthob alle diese Brüder ihres Amtes, was dann aber von den Aposteln nicht anerkannt wurde. Erst am 5. März 1967 kam es in Völklingen zu einer saarländischen Ämterversammlung in der über die Amtsenthebungen und eine Lösung des Satzungskonfliktes gesprochen werden sollte. Bischof Schmidt rief dann für den 7. Mai 1967 eine Delegiertenversammlung ein, die die gewünschten Satzungsänderungen abermals nicht beschloss. Am 26. Mai 1967 schrieben die Apostel darauf hin tief enttäuscht einen Brief an alle Brüder und Mitglieder.

In der Folge kam es zur Abhaltung eigener Gottesdienste der „Apostelanhänger“. Dies waren zu dieser Zeit etwa 90-100 Personen gegenüber den über 1.000 „Bischofsanhängern“.

Am 7. November 1967 kam es noch zu einem Treffen zwischen den Aposteln Dunkmann, Geuer und Kuhlen mit Ortwin Schmidt und dem Ältesten Karl Hollinger. Man kam überein Herbert Schmidt zum Rücktritt zu drängen und teilte ihm dies am 13. November 1967 brieflich mit. Seine Vorbedingung, dass die von ihm vorgenommenen Amtsenthebungen vom Vorjahr Bestand haben sollten, wiesen die Apostel allerdings zurück. Sie forderten ihn auf, bis zum 29. November 1967 Stellung zum Lösungsvorschlag zur Beilegung der Differenzen in den saarländischen Gemeinden zu beziehen, da man sich sonst veranlasst sähe, einen Brief an alle Amtsbrüder und Mitglieder zu schicken.

Herbert Schmidt reagierte am 27. November 1967. Allerdings völlig anders als erwartet. Er schrieb an die Apostel und berichtete über den Gottesdienst vom Vortag. Dort habe der Hirte Schmid aus Saarbrücken bekannt gegeben, dass er, Schmidt, in einer Ämterversammlung am 1. Juli 1967 in geheimer Wahl zum Apostel gewählt worden sei. Ferner sei dieses Schreiben seine Antwort auf die Briefe vom 13. und 21. November. Gleichzeitig beantragte er die Aufnahme in das Apostelkollegium der „Vereinigung der Apostel der Apostolischen Gemeinden“. Am Ende seines Briefes schrieb er dann wörtlich: „Ihr könnt also den Kampf wählen, Ihr könnt aber auch, wie unser Herr und Meister es will, die brüderliche Zusammenarbeit wählen“. Darin liegt eine gewisse Pikanterie, denn Herbert Schmidt hat es über 13 Jahre verstanden die Apostel aus den Gremien seiner Gemeinschaft heraus zuhalten und begehrt nun stattdessen aufgrund seines neuen Apostelamtes Aufnahme in ihr Gremium. In einem einzeiligen Brief vom 6. Dezember 1967 teilten die vier westdeutschen Apostel der VAG Dunkmann, Gaßmeyer, Geuer und Kuhlen mit : „Wir haben Ihren Brief vom 27.11.1967 zur Kenntnis genommen und daraus ersehen, dass Sie und Ihre Anhänger einen völlig eigenen Weg eingeschlagen haben und sich damit unsere Wege trennten."

Am 6. Dezember 1967 teilten die Apostel allen saarländischen Geschwistern brieflich die Entwicklungen der letzten Monate mit und boten künftig eigene Gottesdienste in Hangard, Saarbrücken und Völklingen an. Dies war die Geburtsstunde der saarländischen Gemeinden der AG. Im August 1968 traten etwa 250 Mitglieder zur AG über, 1990 nochmals ca. 100 Geschwister.

Eigenständigkeit

Apostel Herbert Schmidt führte die Gemeinden und Geschwister bis zu seinem Ruhestand im Oktober 1984. Im Dezember 1980 kam es zusammen mit Priester Seiler von der österreichischen Altapostolischen Gemeinschaft zu einem Treffen mit der VAG in München. Am 8. Dezember 1980 und am 1. Mai 1981 trafen sich einige VAG-Apostel mit Ortwin Schmidt, um über eine erneute Annäherung der beiden Gemeinschaften und über einen Ruhestand/Rücktritt von Herbert Schmidt, der an Parkinson erkrankt war, zu beraten. Es wurden jedoch keine konkreten Ergebnisse erzielt.

Der Vereinsvorsitz der AGdS wurde am 18. November 1983 von Ortwin Schmidt übernommen, der dann auch am 16. Juli 1984 mit nur 55% der Stimmen zum Apostel gewählt wurde. Er übte beide Ämter bis zu seinem Rücktritt am 8. Dezember 2001 aus. Seine Wahl zum Apostel führte innerhalb seiner Gemeinschaft zu Meinungsverschiedenheiten und er musste um Anerkennung seines Amtes kämpfen. 1984 beauftragte ihn die Delegiertenversammlung mit 6:5 Stimmen, erneut Gespräche mit der VAG aufzunehmen. Diese fanden dann am 17. Dezember 1984 in Saarbrücken – wieder ohne konkrete Ergebnisse - statt.

Es gab immer wieder Gespräche mit der VAG, die diese jedoch am 23. August 1985 einstellte nachdem die AGdS nicht bereit war über ihr

Apostelamt zu diskutieren und es Verstimmungen wegen des Neubaus der VAG-Gemeinde Völklingen gab.

Ortwin Schmidt gab der Gemeinschaft, die bis dahin noch eine weitgehend neuapostolische Theologie vertrat, 1987 mit der erstmaligen Herausgabe eines Glaubensbuches eine neue Ausrichtung. Im Vorfeld hatten bereits sein Vater als auch er selbst die Ausarbeitung „Was wir glauben" der VAG von 1984 inhaltlich kritisiert und besonders angemerkt, dass das Leben als Christ dort nicht zur Sprache käme.[18] Außerdem kritisieren sie die Kürzung des Glaubensbekenntnisses von 10 auf 6 Artikel. Ortwin Schmidt forderte eine Neuorientierung des Glaubens insbesondere im Hinblick auf Dogmen und seiner Meinung nach falsche Lehren der christlichen Kirchen (z.B. Trinität, Jungfrauengeburt). Aufgrund des allgemeinen Mitgliederschwundes der christlichen Kirchen suchte er außerdem Kontakt sowohl zur Neuapostolischen Kirche wie auch zur Apostolischen Gemeinschaft, um über ein Zusammengehen zu sprechen. Am 24. Juli 1987 schrieb er alle seine Mitglieder bezüglich deren Opferverhaltens und der Mitgliedschaft an. Geradezu ultimativ forderte der Apostel, der von seiner Gemeinschaft nicht bezahlt wurde, sondern als Amtsrat bei der Finanzverwaltung verbeamtet ist, zur Zahlung von DM 300 auf, da ansonsten die Mitgliedschaft erlöschen solle. Dies und die Lehrveränderungen sowie die Gespräche mit der Neuapostolischen Kirche führten dazu, dass 1988/89 etwa die Hälfte der damaligen Gemeindemitglieder zur "Apostolischen Gemeinschaft"' wechselte.

Im Jahre 2000 lud der neuapostolische Stammapostel Richard Fehr die Leiter der im Laufe der Jahre abgespaltenen Gemeinschaften zu einem Gespräch zur Annäherung nach Zürich ein. Die neuapostolische Kirche bezeichnet dieses Treffen als „Konzil". Dabei wird deutlich, dass sich Ortwin Schmidt in zentralen christlichen Glaubenssätzen insbesondere der Trinität und der Gottessohnschaft Christi von der Mehrheitsmeinung abgesetzt hatte. Eine Verpflichtung auf das Apostolische Glaubensbekenntnis lehnte Schmidt ab. Stammapostel Fehr sagte in einer

[18] Die VAG hat von Anfang an zwei Bände geplant, im 1992 erschienenen zweiten Band von „Was wir glauben" geht es genau um die Lebenshaltung des Christen

seiner Ansprachen, dass die AGdS nahe am Unitarismus oder Arianismus sei. An den Folgegesprächen nahm die AGdS dann – auch auf Druck der VAG - nicht mehr teil.

aktuelle Situation

2001 ging Apostel Ortwin Schmidt in den Ruhestand und am 8. Dezember 2001 wurde Friedhelm Gräßer zum Apostel und Leiter der Gemeinschaft gewählt. Im Oktober 2005 verliess Ortwin Schmidt die Gemeinschaft und ist heute konfessionslos.

Die Gemeinschaft zählte 2001 noch etwa 150 Mitglieder in zwei Gemeinden in Völklingen und Eschringen. Die Gemeinde Eschringen wurde 2006 geschlossen. 2008 zählt die AGdS noch 120 Mitglieder, die von einem Apostel, einem Evangelisten, zwei Priestern und mehreren Diakonen betreut werden. Sie gibt eine Vierteljahreszeitschrift namens „Wahrheit" heraus, die in der Vergangenheit besonders durch kritische und zum Teil polemische Artikel von Ortwin Schmidt auffiel.

2004 wurden homosexuelle Amtsträger bestätigt und 2006 übernahmen auch Frauen ohne Ordination liturgische Aufgaben.

2006 wurde mit der Neuapostolischen Kirche eine Übereinkunft erzielt, dass die Mitglieder der AGdS künftig am ersten und letzten Sonntag im Monat an Gottesdiensten der NAK teilnehmen. Die NAK hatte ihnen dabei die Teilnahme am Abendmahl angeboten. Dennoch will man weiterhin seine Eigenständigkeit behalten.

Am 26. Februar 2006 entschuldigte sich in einem Gottesdienst in Saarbrücken der neuapostolische Bezirksapostel Hagen Wend im Beisein vieler Mitglieder der AGdS erstmals für die Ausschlüsse in den 1950er Jahren.

Seit 2006 gibt es ebenfalls wieder Kontakte zur VAG. Diese regelmäßigen Treffen dienen dem Austausch von Auffassungen, um die gemeinsamen Freizeitaktivitäten, an denen zum Teil auch die NAK beteiligt ist, auf eine vernünftige Basis zu stellen. Die Gespräche werden von Apostel Schaeffer auf VAG-Seite und Apostel Gräßer von der AGdS geführt. Im März 2008 nahmen AGdS-Geschwister und der Apostel am Gemeindetreffen anlässlich der VAG-Apostelversammlung in Piblange, Frankreich teil. Im Oktober 2008 wird Apostel Schaeffer das VAG-Sakramentsverständnis in der AGdS vorstellen.

Die AGdS unterhält eine – allerdings nicht mehr gepflegte – Internetseite unter:

www.apostolische-gemeinde-des-saarlandes.de

Vereinigung Apostolischer Christen (VAC)

Die VAC ist eine schweizerische Freikirche und als Verein mit Sitz in Zofingen im Kanton Argau registriert.

Vereinigung Apostolischer Christen Schweiz

Entstehung

Am 5. August 1951 wurde der neuapostolische Bezirkapostel für die Schweiz, Ernst Güttinger, gegen seinen Willen vom Oberhaupt der Neuapostolischen Kirche, dem Stammapostel Johann Gottfried Bischoff, in den Ruhestand versetzt. Er hatte die autoritäre Stellung des Stammapostels kritisiert, als er 1948 vorschlug, den Sitz der Neuapostolischen Kirche von Frankfurt a.M. (Deutschland) in ein neutrales Land zu verlegen. Außerdem trat er für eine Begrenzung der Amtszeit des Stammapostels ein und schlug vor, für das höchste Kirchenamt ein demokratisches Rotationsprinzip bei gleichzeitiger Aufwertung des allgemeinen Apostelamtes, einzuführen. Ferner war es in den saarländischen Gemeinden, die von 1945 bis zur Rückgliederung in die Bundesrepublik Deutschland von der Schweiz aus betreut wurden, zu einem "Machtkampf" zwischen Güttinger und der Frankfurter NAK-Zentrale gekommen.[19]

Neben Ernst Güttinger gab es in der Schweiz nur zwei weitere Apostel, seinen Sohn Otto Güttinger und Rudolf Schneider sen. Letzterer wurde aus Altersgründen mit Ernst Güttinger in den Ruhestand gesetzt. Daher kam eigentlich nur Otto Güttinger als Nachfolger in der Bezirksleitung in Frage, es wurde jedoch der rangniedrigere Bischof Eschmann am 5. August 1951 als neuer Bezirksapostel eingesetzt. Trotz des Übergehens in der Nachfolge gab Otto Güttinger in der Apostelversammlung am 6. August 1951 dem Stammapostel ein Treuegelöbnis ab, eine große Enttäuschung blieb jedoch. Etwa eineinhalb Jahre später starb Apostel Eschmann und wiederum überging man Otto Güttinger, als der inzwischen neu zum Apostel ordinierte Unterstützer des Stammapostels Ernst Streckeisen im April 1953 an die Spitze der schweizerischen

[19] siehe auch im Kapitel über die „Apostolische Gemeinde des Saarlandes“

Gemeinden berufen wird. Dieser war von 1975 bis 1978 dann selbst Stammapostel und verlegte den Sitz der NAK in die neutrale Schweiz, wie es Ernst Güttinger bereits 25 Jahre vorher angeregt hatte.

Otto Güttinger wurde 1954 von den Mitaposteln Ernst Streckeisen, Josef Baur und Hermann Hänni gedrängt, sein Apostelamt - wegen Widerspruchs gegen die "Botschaft" des Stammapostels - aufzugeben. Als er dies ablehnte, wurde er am 10. Juni 1954 abgesetzt. Er gründete daraufhin mit seinem Vater die **Apostolische Gemeinde** mit etwa 1.000 Mitgliedern. Am 15. Juli 1954 wurde Otto Güttinger deshalb auch aus der NAK ausgeschlossen. Sein Vater, der sich im Ruhestand befand, wurde am 9. November 1954 aus der NAK ausgeschlossen. Im Oktober 1957 unterlag die neue Gemeinschaft jedoch im Namensrechtsstreit mit der Neuapostolischen Kirche und musste ihren Namen in **Vereinigung Apostolischer Christen** ändern. Alle anderen Klagen gegen Personen der VAC wurden abgewiesen.

Die beiden Apostel Güttinger nahmen Verbindung mit den Aposteln des Reformiert-Apostolischen Gemeindebundes (RAG) auf, und so kam es in Frankfurt a.M. zu einer ersten Begegnung am 27. und 28. November 1954. Hier waren auch Apostel Smit von den reformiert-apostolischen Gemeinden in Holland und Bischof Herbert Schmidt von der Apostolischen Gemeinde des Saarlandes anwesend. Am 18. und 19. Januar 1956 kamen in Düsseldorf die schweizerischen Apostel Ernst und Otto Güttinger, die Apostel der Apostolischen Gemeinschaft (AG) Dehmel, Dunkmann und Kuhlen, Apostel Ecke des **Reformiert-Apostolischen Gemeindebundes**, Apostel Kamphuis und Smit der **Gemeente van Apostolische Christenen** (GvaC) sowie sieben Bischöfe dieser Gemeinden zusammen. Die Apostel Erasmus und Malan der südafrikanischen **Apostolic Church - Apostle Unity**, der australische Apostel Zischke der **Apostolic Church of Queensland** und die Apostel Müller und Ostermann des RAG stimmten den Düsseldorfer Vereinbarungen zu und gründeten am 24. Juli 1956 die **Vereinigung der Apostel der Apostolischer Gemeinden**.

Nach dem Tod Otto Güttingers am 5. Juli 1960 – er starb einen Tag vor Johann Gottfried Bischoff - folgte ihm Erwin Kindler am 10. September

1961 als Apostel nach. Seit dem 21. Juni 1992 ist Walter Baltisberger Apostel.

Bezirk	Gemeinde	Mitglieder	Bezirksvorsteher
Nord/Zofingen (6)	Zofingen	187	Bischof W. Roth
	Bern	20	
	Luzern	27	
	Lugano	6	
	Reinach	32	
	Lenzburg	42	
Süd/Kölliken (4)	Kölliken	121	Ältester E. Suter
	Olten	67	
	Zürich	48	
	Radolfzell	5	
Gesamt	**10**	**555**	

aktuelle Situation

Die Gemeinschaft hatte zum 31. Dezember 2007 noch 555 Mitglieder, darunter 57 Kinder unter 16 Jahren. Die Kirche unterhält vier eigene Kirchengebäude in Zofingen, Kölliken, Reinach und Trimbach/Olten. Am 8. Juli 1956 fand die Einweihung der ersten Kirche in Zofingen statt und am 2. Juni 1963 folgte die Kirche in Kölliken. In Zürich hat die VAC seit dem 22. Dezember 1985 eigene Räumlichkeiten in einem Büro- und Geschäftshaus.

Die Gemeinschaft hat aktuell 10 Gemeinden in Bern, Kölliken, Lenzburg, Lugano, Luzern, Olten, Reinach, Radolfzell, Zofingen und Zürich. Eine Besonderheit stellt die Gemeinde Radolfzell dar, da sie in Deutschland liegt, aber von der Schweiz aus betreut wird. Die Gemeinde Grenchen, die 2007 wieder aufgelöst wurde, war eine Neugründung aus dem Jahr 2000 als „Gemeinde Jetzt", die eine eigene, moderne Liturgie hatte und besonders kirchendistanzierte Menschen ansprechen sollte. Offenbar gelang es jedoch nicht, wegen geringer örtlicher Präsenz, dauerhaft genügend Menschen für eine lebensfähige Gemeinde anzusprechen. Die 10 Gemeinden sind in 2 Bezirke eingeteilt. Die theologische Leitung obliegt dem Apostel Baltisberger, die juristische Leitung übt ein Kirchenvorstand mit Herrn Beat Bracher seit 1. Januar 2008 als Präsident aus. Es wird ein jährlicher Mitgliedsbeitrag von CHF 200,00 für Erwachsene und CHF 125,00 für Jugendliche ab Konfirmation bis zum 20. Altersjahr sowie für Sozialhilfeempfänger erhoben. Hauptamtlich angestellt sind der Apostel und Evangelist Gero v. Oppeln mit einer Ausbildung an einem theologisch-diakonischen Seminar, der hauptsächlich für Gemeindeaufbau sowie Jugend- und Öffentlichkeitsarbeit verantwortlich ist.

Die französischen und österreichischen Gemeinden der VAG wurden bis zum 15. Dezember 1991 von der Schweiz aus mitbetreut. Für Frankreich wurde an diesem Tag der französische Älteste André Grein in Amnéville zum Apostel ordiniert und übernahm deren Leitung. Die Betreuung der österreichischen Gemeinden ging auf Deutschland über.

Im April 2005 kam es zu einer Vereinbarung der NAK und der VAC über die Bewertung der Geschehnisse in den 1950er Jahren und eine gemeinsame Erklärung wurde in allen neuapostolischen und apostolischen Gemeinden der Schweiz verlesen als erste Schritte der Versöhnung und Entschuldigung für die Ereignisse der 1950er Jahre. Der damit scheinbar begonnene Aussöhnungsprozess wurde jedoch durch die „historische Zusammenschau" der NAK vom Dezember 2007 zunichte gemacht, als diese in der geschichtlichen Ausarbeitung einseitig alle Schuld für die Trennung den abgetrennten Gemeinden bzw. deren damaligen Führern gab.

Eine Monatszeitschrift „Der Herold" wird seit 1954, zunächst von der schweizerischen "Vereinigung Apostolischer Christen", herausgegeben. Die Redaktion liegt seit Jahren bei der Verwaltung der Apostolischen Gemeinschaft in Düsseldorf.

Die Gemeinschaft unterhält eine Internetseite unter:

www.apostolisch.ch

Gemeente van Apostolische Christenen (GvaC)

Die GvaC sind eine kleine niederländische apostolische Freikirche, die 1958 offiziell gegründet wurde.

Entstehung

Hersteld Evangelisch Apostolische Gemeente

In den neuapostolischen Gemeinden der Niederlande, die unter dem Namen „Hersteld Apostolische Zendingemeente in de Eenheid der Apostelen" (HAZEA) auftraten, kam es in den zwanziger Jahren zu Spannungen wegen der Bedeutung des Abendmahls. Der Bezirksapostel van Oosbree hatte einige Neuerungen eingeführt und das Abendmahl in „Gemeinsames Versöhnungsmahl" umbenannt und umgedeutet. Daraufhin wurde 1925 der Evangelist Hendrikus Jacobus Smit, ein Schwiegersohn des Apostels van Oosbree, seines Amtes enthoben und ihm ein Jahr später auch der Zutritt zur Kirche untersagt. Er versuchte eine Klärung mit dem deutschen Kirchenoberhaupt, dem Stammapostel Niehaus, was jedoch nicht funktionierte. Er wurde mehrfach von Geschwistern ersucht, eigene Gottesdienste zu halten, lehnte dies jedoch wegen fehlenden Auftrags ab. 1926 erfuhr er dann von der Existenz des „Reformiert-Apostolischen Gemeindebundes", der sich 1921 in Deutschland durch den Ausschluss von Apostel Carl August Brückner aus der Neuapostolischen Kirche gegründet hatte. Nach einer regen Korrespondenz mit Apostel C.A. Brückner beauftragte dieser ihn in den Niederlanden als Evangelist tätig zu werden und Gottesdienste zu halten. Es entstanden bald fünf Gemeinden unter dem Namen **„Hersteld Evangelisch Apostolische Gemeente"**. Am 27. August 1933 wurde Smit in Amsterdam durch Apostel Brückner zum Bischof ordiniert und zeitgleich wurden die niederländischen und deutschen Gemeinden im Bund zusammen geschlossen. Die Gemeinde Scheveningen wurde 1944 geschlossen, dafür entstanden 1947 die Gemeinde Apeldoorn und 1948 die Gemeinde Rotterdam. Im September 1950 wurde Smit dann durch Apostel Max Ecke ins Apostelamt eingesetzt.

Apostolische Stichting

Die niederländischen Gemeinden der Neuapostolischen Kirche (dort HAZEA genannt) erlebten nach dem Tod ihres Bezirksapostels van Oosbree 1947 eine Spaltung weil van Oosbree einen Nachfolger ohne Zustimmung des Stammapostels eingesetzt hatte. Sein Mitapostel Jochems wurde vom Stammapostel als Nachfolger bestätigt und übernahm 1951 nach längeren Prozessen fast alle Kirchen und Geldmittel sowie etwa 3.000 Mitglieder. Er führte die Gemeinden unter dem Namen „Hersteld Apostolische Gemeente in de Eenheid der Apostelen" (HAGEA). Am 28. Dezember 1951 wurde von Apostel Lambertus Slok, dem von van Oosbree ernannten Nachfolger, die „Het Apostolisch Genootschap" mit etwa 26.000 Mitgliedern gegründet.

Im Zuge der „Botschafts"wirren[20] nach 1951 wandten sich die neuapostolischen Hirten W. C. van Asperen und A. H. Groen sowie der Priester R. J. Bijl an den Stammapostel weil der HAGEA-Apostel Gerrit Kamphuis, der Apostel Jochems nach dessen Tod im Februar 1947 nachgefolgt war, angeblich die „Botschaft" nicht genug predigen würde. Sie gründeten mit Unterstützung des Stammapostels und unter Leitung von Apostel Walter Schmidt die „Nieuw Apostolische Kerk der Nederlanden (NAKiNl)". 1954 gab es also zwei neuapostolische Gruppen, die beide dem Stammapostel unterstanden, jedoch getrennt voneinander agierten.: HAGEA und NAKiNl. Am 28. Februar 1954 wurde der Bischof Tjark Bischoff (nicht verwandt mit dem Stammapostel) ins Apostelamt ordiniert, um Apostel Kamphuis zu unterstützen. Dies ging jedoch nicht gut und Kamphuis legte am 14. August 1954 sein Amt nieder. Tjark Bischoff wurde als Bezirksapostel eingesetzt und musste sich nun gegen die „NAK der Nederlanden"-Gruppe mit Botschaftsbekenntnissen positionieren. Bei einer Ämterversammlung am 25. Februar 1955 in Amsterdam verpflichtete er alle Amtsträger zur

[20] siehe im Kapitel „Apostolische Gemeinschaft" unter „Entstehung" eine ausführlichere Darstellung

sonntäglichen Botschaftsverkündigung. Etliche Amtsträger, u.a. Bischof Willem Kröner und sein Bruder der Älteste Johann Friedrich Kröner sen. weigerten sich diesem nachzukommen. Am 7. März 1955 wurde dann die **„Apostolische Stichting"** gegründet, die Gottesdienste für die „Botschaftsverweigerer" hielt. Dazu hatte Apostel Kuhlen, der am 23. Januar 1955 aus der NAK ausgeschlossen worden war und in Deutschland die „Apostolische Gemeinschaft gegründet hatte, den Bischof Willem Kröner am 28. Februar in Oberhausen ermächtigt. Am 8. Mai 1955 übernahm Apostel Kamphuis in einem landesweiten Gottesdienst auf Bitten der Apostel Kuhlen, E. Güttinger, O. Güttinger, Dehmel und Dunkmann (die alle aus der NAK ausgeschlossen worden waren) die Leitung dieser kleinen etwa 1.000 Mitglieder umfassenden Gemeinschaft.

Apostolische Geloofsgemeenschap

Beide oben beschriebenen Gruppen trafen sich mit ihren Aposteln und Bischöfen am 18. und 19. Januar 1956 in Düsseldorf mit Aposteln der „Apostolischen Gemeinschaft", des „Reformiert-Apostolischen Gemeindebundes" und der „Vereinigung Apostolischer Christen der Schweiz" und gründeten die **„Vereinigung der Apostel der Apostolischen Gemeinden"**. Für die Niederlande bedeutete das, dass die Gemeinden der „Hersteld Evangelische Apostolische Gemeente" und die der „Apostolischen Stichting" unter der organisatorischen Führung von Apostel Kamphuis verschmolzen wurden. Beide Apostel (Kamphuis und Smit) sollten die geistliche Führung gemeinsam ausüben. Die zusammengeschlossenen Gemeinden nannten sich **„Apostolische Geloofsgemeenschap"**. Diese wurde allerdings erst am 22. September 1958 offiziell errichtet und hatte 23 Gemeinden in drei Bezirken (Amsterdam, Utrecht und Arnhem).

Am 13. April 1965 starb Apostel Hendrik J. Smit im Alter von 83 Jahren und zwei Monate später trat Apostel Kamphuis in den Ruhestand. Am 13. Juni 1965 wurde Johann Friedrich Kröner durch Apostel Kuhlen aus Deutschland zum neuen Apostel für die Niederlande ordiniert. Er sorgte dafür, dass möglichst alle Gemeinden einen eigenen Vorsteher und alle

Bezirke einen Ältesten erhielten. Auch gab er bereits wichtige Impulse für die später im Apostelkollegium begonnene lehrmäßige Reformation der VAG.

Am 16. November 1975 wurde Apostel Kröner in den Ruhestand verabschiedet und Bischof Christian Boermeester aus 's-Gravenhage übernahm das Apostelamt und die Leitung der Gemeinschaft. Bereits 1976 veröffentlichte Apostel Boermeester eine Schrift „Der Mensch" in der Positionen vertreten wurden, die später Eingang in den Katechismus „Was wir glauben" von 1984 fanden. 1980 wurde der Name der Kirche in **„Gemeente van Apostolische Christenen"** geändert. Dafür wurden zwei Gründe angeführt: zum Ersten gab es wohl wegen des ähnlich klingenden Namens häufig Verwechslungen mit der größten niederländischen apostolischen Gruppierung, der „Apostolisch Genootschap" von Apostel Slok, und zweitens wollte man sich deutlicher in der Christenheit positionieren und zum Ausdruck bringen, dass man zunächst Christ sei und dann erst an die apostolische Sendung glaube.

Zu dieser Zeit waren auch im Apostelkreis bereits die Überlegungen zum Amtsverständnis besprochen worden und die Meinung gereift, dass das Prophetenamt grundsätzlich in der VAG möglich sei, auch wenn es bis heute nicht als Amt besetzt ist. Ab 1980 gab es intensive Kontakte mit der „Hersteld Apostolische Zendingkerk (HAZK)" von Apostel Ossebar, die das Prophetenamt kannte. Es gab einen Predigeraustausch und am 1. März 1990 verfassten beide Gemeinschaften einen Brief an alle apostolischen Gruppen in den Niederlanden mit der Einladung miteinander in Kontakt zu kommen. Daraus entwickelten sich dann auch Gespräche mit der „Neuapostolischen Kirche". Im Januar bzw. März 2000 lud die NAK dann verschiedene apostolische Kirchen zu einer Konferenz nach Zürich ein. Auch die GvaC und die HAZK folgten der Einladung. Die Gespräche brachten jedoch keine Annäherung und die Vereinigungsgespräche zwischen GvaC und HAZK wurden 2005 wohl wegen der inzwischen praktizierten Frauenordination in der VAG auch aufgegeben.

Am 15. November 1987 ging Apostel Boermeester in den Ruhestand und Bischof Johann Friedrich Kröner jun. aus Amsterdam wurde zum Apostel eingesetzt. Am 16. November 1997 ging auch dieser in den Ruhestand und Apostel Johan Theodor Den Haan folgte ihm im Amt.

Bezirk	**Gemeinde**	**Mitglieder**	**Bezirksvorsteher**
Regio 1	Amsterdam	51	Evangelist Joop Stroosnijder
	Enkhuizen	41	
	Leerdam	2	
	Zeist	114	
Regio 2	Zwijndrecht	51	Ältester Gerrit Jan Alberts
	Den Haag	6	
	Eindhoven	30	
Regio 3	Apeldoorn	66	Ältester Karel Hupjé
	Assen	38	
	Enschede	7	
Gesamt	**10**	**406**	

aktuelle Situation

Die niederländischen Gemeinden haben aktuell noch etwa 200 aktive Mitglieder. Sie versammeln sich in neun Gemeinden in Amsterdam, Apeldoorn, Assen, Den Haag, Eindhoven, Enkhuizen, Enschede, Zeist und Zwijndrecht. Die Gemeinde Groningen wurde durch Umzug 2007 zur Gemeinde Assen. Die Gemeinschaft besitzt drei eigene Kirchen. In Apeldoorn wurde am 19. Dezember 1971 die „Schwedische Kapelle" der freien evangelischen Gemeinde eingeweiht. Im Dezember 1978 wurde in Enkhuizen eine Kirche geweiht und 1984 in Zeist. Die Gemeinschaft gibt eine monatliche Zeitschrift heraus, die sich „De Bazuin Sions" nennt.

Als erste Diakonin in den Niederlanden wurde am 10. April 2005 Ineke Ras von Apostel Den Haan ordiniert. Am 29. Juli 2007 wurde diese dann als erste Frau in der VAG ins Priesteramt ordiniert.

Die GvaC unterhielt bis zum November 2007 relativ gute Kontakte zur NAK und daher war es möglich, dass seit etwa 2006 monatliche Bezirksgottesdienste für die drei Bezirke in Gebäuden der NAK stattfanden. Dazu kamen regelmäßig auch zahlreiche neuapostolische Besucher.

Nach einem Informationsabend der NAK am 4. Dezember 2007 in dem in einem geschichtlichen Teil die Schuld für die Trennungen in den 50er Jahren einseitig allein der VAG angelastet wurden, beschloss die VAG die Gespräche mit der NAK einzustellen. Daraufhin wurde auch die Nutzung von NAK-Kirchen eingestellt.

Die Gemeinschaft hat eine Internetseite unter:

www.apostolisch.nl

Apostolische Gemeinschaft (AG)

Apostolische Gemeinschaft e.V.

Die Apostolische Gemeinschaft ist die mitgliederstärkste europäische Gliedkirche der VAG. Sie wurde am 24. Januar 1955 in Düsseldorf gegründet. Auslöser war der Ausschluss des Düsseldorfer Bezirksapostels Kuhlen sowie der Apostel Dehmel aus Oberhausen und Dunkmann aus Düren aus der Neuapostolischen Kirche. Die Apostolische Gemeinschaft ist als "e. V." organisiert und im Vereinsregister der Stadt Düsseldorf unter der Nummer VR 3885 eingetragen. Die Verwaltung befindet sich seit 1960 in den Kirchenräumen auf der Cantadorstraße 11 in Düsseldorf-Stadtmitte. Vorher befand sie sich in der Privatwohnung des Bischofs Schmohl in Düsseldorf-Oberkassel. Derzeit gehören ihr in Deutschland knapp 6.000 Mitglieder in 79 Gemeinden an. Davon nehmen etwa 2.500 regelmäßig am Gemeindeleben teil. Das Hauptverbreitungsgebiet ist das Rhein-, Vogt- und Saarland sowie Sachsen. In Nord- und Süddeutschland bestehen Diasporagemeinden.

Entstehung

Für die Spaltungen von der Neuapostolischen Kirche in den Jahren 1954 in der Schweiz und 1955 in Westdeutschland war die Ende 1951 verkündigte Lehre des damals amtierenden Stammapostels Johann Gottfried Bischoff ausschlaggebend, dass er nicht sterben werde, bevor Jesus komme und die Auserwählten zu sich nähme (die sogenannte „Botschaft"). Auch unterschiedliche Auffassungen über die Stellung des Apostelamtes gegenüber dem Stammapostelamt bei der Mehrheit der Apostel ließen seit Jahren einen Konflikt schwelen. Es ging dabei darum, wie die Kirche geleitet werden solle: auf der einen Seite die Vorstellung einer Kollektivleitung aller Apostel, wie sie von Güttinger und Kuhlen, aber auch anderen vertreten wurde und auf der anderen Seite die Vorstellung von Entscheidungen allein durch den Stammapostel. Dieser Konflikt schwebte bereits zur Trennungszeit des Reformiert-apostolischen Gemeindebundes 1921 aber besonders in den Jahren 1938 bis

1955[21]. Kriegsbedingt waren die Apostel zu mehr Eigenständigkeit und Unabhängigkeit von der Frankfurter Führung gezwungen gewesen. Dies wollte man nach dem Krieg nicht mehr aufgeben. Am 21. Mai 1948 wurde der dienstjüngste Bezirksapostel Peter Kuhlen von den Aposteln, gegen den Willen des Stammapostels Bischoff, zum Nachfolger im Stammapostelamt gewählt. Am 1. August 1948 ordinierte Bischoff ihn in Bielefeld trotzdem im Namen des dreieinigen Gottes zu seinem Nachfolger und Helfer. Zum 1. Januar 1950 wurde dann tatsächlich das Kolligialitätsprinzip von allen 20 Bezirksaposteln (davon 9 aus Europa) und dem Stammapostel beschlossen und eingeführt. Der Konflikt schwelte aber, geschürt vom Sohn des Stammapostels Friedrich Bischoff, weiter und im November 1950 erklärte Apostel Kuhlen seinen Rücktritt vom Stammapostelamt und -helferamt. Ein halbes Jahr später, im Sommer 1951, wurde das Kolligialitätsprinzip wieder aufgehoben und durch die Einzelvollmacht des Stammapostels ersetzt. Diese Änderung war nur möglich, in dem der Stammapostel etliche Ordinationen von Personen, die seine Meinung unterstützten, im Laufe des Jahres vorgenommen hatte. Am Ende des gleichen Jahres verkündete der Stammapostel seine „Botschaft", dass er nicht sterben werde, bis Jesus wiederkomme und dass er der letzte Stammapostel sei. Als diese 1954 zum Dogma erhoben wurde und sogar die Aufnahme in die Kirche mit dem Glauben daran verbunden wurde, kam es zu einem weiteren Konfliktherd und Gewissenskonflikten von Amtsträgern und Mitgliedern. Wer von den Amtsträgern, vor allem von den Aposteln, dieses nicht verkündete, wurde seines Amtes enthoben und aus der Neuapostolischen Kirche ausgeschlossen. Eine treibende Kraft war dabei wohl der Sohn des Stammapostels und Leiter des neuapostolischen Hausverlages Friedrich Bischoff. Die ranghöchsten Ausschlüsse betrafen den rheinländischen Bezirksapostel Peter Kuhlen sowie seine beiden Mitapostel Dehmel (Oberhausen) und Dunkmann (Düren). Diese drei und zahlreiche Bischöfe und Älteste des Bezirks gründeten einen Tag nach dem Frankfurter Ausschluss am 24. Januar 1955 in Düsseldorf die **Apostolische Gemeinschaft**. Ihnen schlossen sich ca. 15.000

---

[21] siehe hierzu auch: Neuapostolische Kirche International: Die NAK von 1938 bis 1955 – Entwicklungen und Probleme, Zürich 2007

Mitglieder an. Von der NAK wird bis heute negiert, dass der Auslöser für die Spaltung die „Botschaft" gewesen sei. Einseitig wird ein Machtstreben von Apostel Kuhlen und seine mangelnde Einsichtsfähigkeit in das leitende Stammapostelamt als alleinige Spaltungsursache angegeben.

Stammapostel Bischoff starb 1960 und Apostel Walter Schmidt aus dem Apostelbezirk Westfalen wurde sein Nachfolger. Das ausbleibende Eintreten der „Botschaft" wurde mit einer Planänderung Gottes begründet und bis heute ist es zu keiner Rehabilitation der ausgeschlossenen Amtsträger gekommen. Im Gegenteil, am 4. Dezember 2007 erneuerte die NAK die Schuldzuweisung für die Spaltung abermals und machte Machtstreben der Apostel Güttinger und Kuhlen allein verantwortlich. Aufgrund zahlreicher Proteste innerhalb der NAK und von Seiten der VAG wird inzwischen über eine Relativierung nachgedacht.

Die 1950er und 60er Jahren waren durch eine Konsolidierung der neuen Gemeinschaft durch die Apostel Dehmel, Dunkmann und Kuhlen gekennzeichnet. Man fing mittellos an und konnte durch die damalige große Opferbereitschaft bereits zum Jahrestag der Gründung 1960 in Düsseldorf eine erste eigene Kirche einweihen. 1963 verstarb der Oberhausener Apostel Dehmel. 1964 wurde der Älteste Hubert Geuer aus Düren zum Apostel ordiniert. Am 12. November 1967 wurden mit Rudolf Gaßmeyer und Werner Kahlert zwei neue Apostel eingesetzt. 1968 trat Apostel Dunkmann in den Ruhestand, 1970 Apostel Kuhlen nach 35jähriger Aposteltätigkeit. Im Mai 1974 erfolgte die Ordination von Ernst Lenser zum Apostel. 1975 wurden erstmals Mitgliederstatistiken geführt. Zu diesem Zeitpunkt hatte die Gemeinschaft 9.760 Mitglieder. 1981 verstarb der süddeutsche Apostel Werner Kahlert, dem erst 1995 Werner Weise nachfolgte. Zwischenzeitlich gab es nur zwei große Apostelbezirke mit Ernst Lenser zuständig für den Norden und das Ruhrgebiet, sowie Rudolf Gaßmeyer für das Rheinland und den Süden. Im August 1996 wurden dann der Bischof Wilfried Baron aus Düsseldorf und der Älteste Detlef Lieberth aus Köln zu Aposteln ordiniert. Nach 30jähriger Amtszeit trat Apostel Gaßmeyer am 21. September 1997 in den Ruhestand. 1998 folgte ihm Apostel Lenser der als seinen Nachfolger Matthias Knauth ordinierte.

Gliederung

Die Apostolische Gemeinschaft ist in Deutschland und war bis 2006 auch in Österreich aktiv. Seit August 2008 ist sie in vier Apostelbezirke mit 12 Bezirken und 79 Gemeiden gegliedert:

- Süd-West (mit den Bezirken Düren, Düsseldorf, Köln und Wesel sowie Süddeutschland)
- Saarland
- Nord-West (mit den Bezirken Duisburg-Hamborn, Duisburg-Ruhrort, Essen und Norddeutschland)
- Ost (mit den Bezirken Vogtland und Ostsachsen)

Apostelbezirk	Bezirk	Mitglieder	Gemeinden	Apostel/Bezirksvorsteher
Süd-West	Düsseldorf	1332	Düsseldorf-Eller, D-Gerresheim, D-Mitte, Hagen, Hilden, Kamp-Lintfort, Krefeld, Langenfeld, Nettetal –Lobberich, Wuppertal (10)	Groß/Keller
	Düren	452	Aachen, Düren, Eschweiler, Euskirchen, Übach Palenberg (5)	Groß/Stahlschmidt
	Köln	293	Bonn, Köln, Leverkusen (3)	Groß/Schmidt
	Süddeutschland	389	Augsburg, Darmstadt, (Karlsruhe), Freiburg, München, Nürnberg, Schweinfurt, Stuttgart, Ulm, Würzburg (10)	Groß/Kadner
	Wesel	478	Bocholt, Borken, Dinslaken, Emmerich, Voerde, Wesel (6)	Groß/Amann
Saarland	Saarland	277	Merzig, Neunkirchen, Saarbrücken, Völklingen (4)	Schaeffer/Dahmen

Nord-West	Duisburg-Ruhrort*	430	Duisburg-Beeck, DU-Mitte (2)	Knauth/Spree
	Duisburg-Hamborn*	547	Duisburg-Hamborn, DU-Obermarxloh, DU-Walsum, Oberhausen-Sterkrade (4)	Knauth/Bischof Raus
	Essen	634	Bottrop, Essen-Borbeck, E-Kray, E-Mitte, Gelsenkirchen, Lünen (6)	Knauth/n.N.
	Norddeutschland	334	Berlin, Hamburg, Hannover, Herford, Kiel, Osnabrück (6)	Knauth/Weber
Ost	Dresden	231	Bautzen, Dresden, Görlitz, Medewitz, Meißen, Radeberg, Riesa, Ruhland, Zittau (9)	Loose/Karg
	Vogtland	593	Bernburg, Erfurt, Gera, Greiz, Halle, Leipzig, Netzschkau, Oelsnitz, Plauen, Reichenbach, Schkeuditz, Selb, Werdau, Zwickau (14)	Loose/Schenker+Kegler
Gesamt		**5992**	79	

* die Bezirke Duisburg-Hamborn und –Ruhrort werden im März 2009 unter der Leitung des Ältesten Spree zusammengeführt

Bis 2007 gab es in Ostdeutschland vier Bezirke (Greiz, Netzschkau, Dresden, Radeberg/Görlitz), die zu zwei Bezirken zusammengefasst wurden. In Süddeutschland erfolgte die Zusammenlegung der Bezirke Nürnberg und Stuttgart zum Bezirk *Süddeutschland* bereits im Jahre 2005. Der Bezirk Völklingen wurde in *Saarland* umbenannt.

Jeder Apostelbezirk wird normalerweise von einem Apostel geleitet. Die Apostelbezirke Süddeutschland und Ostdeutschland waren jedoch seit 2004 bzw. März 2006 vakant. Daher wurden im Oktober 2006 die Apostelbereiche "Süd-West" und "Nord-Ost" eingeführt. Der Bezirk "Süd-West" umfasst die Apostelbezirke Düsseldorf und Süddeutschland mit Apostel Wilfried Baron. Ihm steht seit November 2006 Bischof Ulrich Hykes (Düsseldorf) helfend zur Seite. Am 4. November 2007 wurde der Hirte Armin Groß zum Apostel ordiniert. Er soll den Bezirk nach der Ruhesetzung von Apostel Baron im Herbst 2008 verantwortlich übernehmen. Außerdem wird er Vorsitzender der Apostolischen Gemeinschaft. Der Bezirk Saarland steht seit dem 1. Juni 2007 unter der geistlichen Leitung von Apostel Schaeffer aus Frankreich, gehört organisatorisch jedoch weiterhin zur Apostolischen Gemeinschaft in Deutschland. Der Bezirk "Nord-Ost" umfasste bis 1. Juli 2007 die Apostelbezirke Duisburg/Norddeutschland und Ostdeutschland. Sie wurden von Apostel Matthias Knauth geleitet, dem der Bischof Viktor Raus zur Seite steht. Seit dem 1. Juli 2007 hat der Apostelbezirk Ostdeutschland mit dem bisherigen Bischof Gert Loose aus Dresden wieder einen eigenen Apostel. Der Bezirk Nord-Ost wurde deshalb in Nord-West umbenannt. Die beiden Bezirke in Duisburg werden im März 2009 zu einem Bezirk unter Leitung des Ältesten Rainer Spree zusammengelegt. Apostel Detlef Lieberth, der bis Oktober 2006 den Apostelbezirk Köln mit den Bezirken Köln, Düren und Essen betreute, ist seither für Verwaltungs- und Gemeindeentwicklungsaufgaben zuständig und hat keine Bezirksverantwortung mehr. Er wird ab November 2008 als Geschäftsführer der Gemeinschaft in der Verwaltung arbeiten.

Die Bezirke werden meist von Ältesten geleitet, einige aber auch vom Bischof oder Apostel. Die Apostel, Bischöfe und Ältesten zusammen bilden den Vorstand der Gemeinschaft, der der Delegiertenversammlung verantwortlich ist. Die Delegierten werden alle fünf Jahre von den Mitgliedern gewählt (letzter Wahltermin: 27. Januar 2007). Dabei wird pro Bezirk für je angefangene 500 Mitglieder ein Delegierter gewählt. Ordentliche Delegiertenversammlungen finden einmal jährlich im November statt. Die Delegiertenversammlung setzt sich zusammen aus: dem Vorstand, den in den Mitgliederversammlungen gewählten Delegierten, dem vom Vorstand berufenen Jugendsekretär und den Vertretern der Jugendverbände.

Apostelbezirksaufteilung deutscher Apostel:

Bezirk	1950	1960	1970	1980	1990	2000	aktuell
Dresden	Schmidt	Ecke	Ludwig	Volkmer	Volkmer	Volkmer	Loose
Duisburg/ Norddeutschland	Dehmel	Kuhlen	Lenser	Lenser	Lenser	Knauth	Knauth
Düsseldorf	Kuhlen	Kuhlen	Gaßmeyer	Gaßmeyer	Gaßmeyer	Baron	Groß
Köln/Düren	Dunkmann	Dunkmann	Geuer	Gaßmeyer	Gaßmeyer	Lieberth	Groß
Essen	Kuhlen	Kuhlen	Gaßmeyer	Gaymeyer	Gaßmeyer	Lieberth	Knauth
Süddeutschland	Kuhlen	Kuhlen	Kahlert	Gaßmeyer	Weise	Weise	Groß
Saarland	Kuhlen	Kuhlen	Kahlert	Gaßmeyer	Weise	Baron	Schaeffer
Vogtland	Müller	Rabe	Kretzschmar	Kretzschmar	Böhm	Volkmer	Loose
Wesel	Dehmel	Kuhlen	Lenser	Lenser	Lenser	Baron	Groß

Kirchengebäude

Die Gemeinschaft hält ihre Gottesdienste in eigens erbauten oder gemieteten Räumlichkeiten ab. Die ältesten Gebäude dürften die 1884 erbaute ehemalige Eben-Ezer-Methodistenkirche in Zwickau und die ehemalige Friedhofskapelle in Ulm sein. In Netzschkau und Greiz sowie in Oelsnitz gibt es Gebäude, die noch vom reformiert-apostolischen Gemeindebund zwischen 1921 und 1950 erbaut bzw. erworben wurden. Die Kirchen in Duisburg-Beeck und –Hamborn, in Düren, Düsseldorf, Essen und auch noch Köln sind Zweckbauten aus den 1960er Jahren, die noch sehr an die neuapostolischen Kirchen dieser Zeit erinnern. Zum Teil war es auch der gleiche Architekt, Franz Kupp, der die Gebäude plante und baute. Mit den Gemeinden in Emmerich, Düsseldorf-Eller, Voerde, Völklingen, Lünen, Übach-Palenberg und Euskirchen, versuchte man eigene Architekturakzente zu setzen. Die Gemeinden Hamburg und Dresden sind Fertigbaukirchen. Außerdem gibt es noch Räumlichkeiten, die in Teileigentum stehen oder umgebaut wurden, so z.B. Essen-Kray, Kamp-Lintfort, Dinslaken und Radeberg.

Die älteren Gebäude sind meist zweistöckig und haben im Erdgeschoß einen Gemeinderaum, Garderoben, Küche und Sanitäreinrichtungen und einen Jugend-/Kinderraum oder ein Ämterzimmer. Im oberen Stockwerk, meist mit Empore, befindet sich der eigentliche Gottes-dienstraum. An dessen Frontseite befindet sich ein Altar, der auch gleichzeitig als Predigtstätte dient. Darüber oder daneben ist ein schlichtes Kreuz angebracht. Meist befindet sich auch der Orgeltisch vorne. Die neueren Kirchen sind meist ebenerdig und haben neben dem in die Höhe herausragenden Kirchensaal Gemeinde- und Sozialräume.

Finanzierung

Die Gemeinschaft finanziert sich ausschließlich über Spenden der Mitglieder. In allen Gemeinden gibt es Opferkästen, in den die Barspenden eingelegt werden. Dabei gibt es zwei unterschiedliche Opferfonds: Gemeindeopfer und Missionsopfer. Ersteres kommt, entgegen seinem Namen, nicht der Ortsgemeinde zu Gute, sondern wird zentral an die Kirchenverwaltung zur Bestreitung sämtlicher Aufgaben abgeführt. Das Missionsopfer wurde im Januar 1964 eingeführt, um die damaligen innerapostolischen Missionsaufgaben zu bestreiten. Heute ist der Verwendungszweck nicht klar umrissen und dieser Opferfond wird auch nur mit sehr geringen Spenden bedacht. Daher wurde jüngst eine Neuordnung beschlossen, die dem Aspekt der Mission konkret Rechnung trägt. In kirchlichen Verlautbarungen wird immer der biblische Zehnte als Richtschnur für die Spendenhöhe genannt. Die tatsächliche Opferhöhe weicht im Schnitt davon jedoch erheblich nach unten ab. Durchschnittlich werden pro Mitglied nur € 18,00 pro Monat für die Kirche aufgewendet. Legt man nur die aktiven Mitglieder zugrunde erhöht sich dieser Wert auf € 44,00. Das ist ein für Freikirchen extrem niedriger Wert, der noch unter der entsprechenden Kirchensteuer bei einem Einkommen von € 2.500 läge, wenn die Gemeinschaft sie denn erheben könnte.

Die Gemeinschaft ist von den Finanzbehörden als gemeinnützig anerkannt, weil sie ausschließlich und unmittelbar steuerbegünstigten, mildtätigen und gemeinnützigen Zwecken dient. Die Gemeinnützigkeit wird jährlich vom Finanzamt nach Vorlage des Jahresberichtes erteilt. Die Gemeinschaft ist berechtigt, für Spenden, die ihr zur Verwendung von mildtätigen und religiösen Zwecken zugewendet werden, Zuwendungsbestätigungen nach amtlichem Vordruck auszustellen.

Aufgrund eines stetigen Mitgliederrückganges ist die finanzielle Lage seit Jahren angespannt. Die Gemeinden werden daher detailliert über ihre Einnahme-/Ausgabesituation informiert und es wird zunächst versucht über eine Erhöhung der Spendenbereitschaft die zum Fortbestand notwendigen Mittel aufzubringen. Sollte dies jedoch in 2008 nicht fruchten, wird über die Einführung eines Mitgliedsbeitrages nachgedacht, damit auch der große Teil der inaktiven Mitglieder zur Finanzierung der Gemeinde herangezogen wird.

Ökumene

Lokale Gemeinden der Apostolischen Gemeinschaft sind in der Arbeitsgemeinschaft christlicher Kirchen Gast- oder Vollmitglied (z.B. Bottrop, Duisburg, Düsseldorf, Köln, Krefeld, Langenfeld, Nürnberg, Wuppertal). Eine Aufnahme in die Nordrhein-Westfalens als Gastmitglied fand im Herbst 2004 statt, die der ACK Bayern erfolgte am 15. November 2005. Am 15. November 2007 wurde die Apostolische Gemeinschaft auch von der ACK Sachsen als Gastmitglied aufgenommen. Außerdem engagieren sich einzelne Bezirke und/oder Gemeinden bei ProChrist und in der Evangelischen Allianz. Die Eigenständigkeit soll bewahrt bleiben.

Gespräche mit der Neuapostolischen Kirche, die 2001 auf deren Initiative intensiviert wurden, haben bislang zu keiner Zusammenarbeit geführt und sind nach dem 4. Dezember 2007 von Seiten der VAG abgebrochen worden. Auch zu anderen apostolischen Gruppen, wie dem Apostelamt Jesu Christi, der Apostolischen Genossenschaft oder der Apostolischen Gemeinde Wiesbaden, gibt es keine Verbindungen.

Die Gemeinschaft hat eine Internetseite unter:

www.apostolisch.de

Union des Chrétiens Apostoliques de France (UCAF)

Entstehung

Union des chrétiens apostoliques de France

Die „Union des chrétiens apostoliques" in Frankreich wurde 1954 nach dem Ausschluss der Schweizer Apostel Ernst und Otto Güttinger gegründet. Sie etablierte sich am 22. August 1954 aus etwa 300 Mitgliedern der Neuapostolischen Kirche um Amnéville-les-Thermes im Departement Moselle nach einem Besuch des Stammapostels in Mulhouse. Nach dem Tod des Stammapostels 1961 kamen 80 Mitglieder aus der Gemeinde Strasburg-Schiltigheim hinzu. 1967 wurde die Gemeinde Merlebach mit 25 verbliebenen Mitgliedern angeschlossen. Sie gehörte vorher zur „Apostolischen Gemeinde des Saarlandes" die sich jedoch unter Bischof Herbert Schmidt von der Betreuung durch die „Apostolische Gemeinschaft" löste und eigene Wege ging. Drei Geschwister waren in Merlebach 1967 verstorben, ein Ehepaar hielt sich zu Bischof Schmidt, der Vorsteher ging mit sieben Personen seiner Familie zur NAK und etwa sieben Geschwister verließen die Gemeinde ganz.

Die UCAF wurde erst am 1. März 1961 offiziell bei der Präfektur in Toulouse als Religionsgemeinschaft mit dem Ziel „religiöser Erziehung auf der Basis der apostolischen Urkirche" eingetragen.

Die Gemeinden wurden über Jahrzehnte geistlich von der Schweiz aus betreut und traten ebenfalls wie die Schweizer VAC 1956 in Düsseldorf der VAG bei.

Mit der Ordination des Ältesten André Grein zum Apostel am 15. Dezember 1991 erlangten die französischen Gemeinden ihre Unabhängigkeit von der Schweiz.

Seit Juni 2004 führt Apostel Norbert Schaeffer die Gemeinden.

Apostel der UCAF	Zuständig von – bis
Ernst und Otto Güttinger	seit 22. August 1954
Erwin Kindler	seit 10. September 1961
André Grein	seit 15. Dezember 1991
Norbert Schaeffer	seit Juni 2004

Gemeinde	Mitglieder
Amnéville	60
Thionville	24
Toulouse	11
Diaspora	30
Gesamt	**125**

aktuelle Situation

Die Gemeinschaft unterhält derzeit in Frankreich noch 3 Gemeinden (Amnéville-les-Thermes, Thionville und Toulouse mit auswärtigen Familien) mit etwa 120 aktiven Gläubigen, die sich sonntags zu Gottesdiensten und mittwochabends in Amnéville zum Gesprächskreis versammeln. Zuletzt wurden im Januar 2006 die Gemeinde Schiltigheim-Straßburg, danach im Januar 2008 die Gemeinde Merlebach geschlossen. Die Gemeinden befinden sich bis auf die südfranzösische Gemeinde Toulouse alle in unmittelbarer Nachbarschaft zum deutschen Saarland im französischen Departement Moselle. Aus diesem Grund übernahm Apostel Schaeffer am 1. Juni 2007 auch die geistliche Betreuung der saarländischen Gemeinden der „Apostolischen Gemeinschaft", obwohl diese organisatorisch weiterhin in der deutschen Gliedkirche verbleiben. Apostel Schaeffer nimmt seit 2002 auch an den deutschen Bezirksvorsteherversammlungen teil.

Als Publikation erschien bis Ende 2005 eine eigene Zeitschrift „Le Heraut“ mit teilweise Übersetzungen des deutschsprachigen Herolds.

Seit Januar 2007 beteiligt sich Norbert Schaeffer an der Allianzwoche in Saint-Avold, obwohl der geistliche Austausch mit der Evangelischen Kirche bereits 1998 in Sarreguemines (Saargemünden) mit Pfarrer Maennlein begann.

Im August 2008 hielt Norbert Schaeffer eine Taufe im Evangelischen Gottesdienst in Aix-les-Bains, wo eine apostolische Familie aus Thionville wohnhaft ist. Nach einem Besuch und auf den Rat hin sich einer christlichen Gemeinde aus der Evangelischen Allianz anzuschließen, kam es dort zur Taufe des zweiten Sohnes. Außerdem ist die Tochter des Apostels als Organistin in dieser Gemeinde beteiligt. Im September 2008 verstarb unerwartet die Gattin des früheren Vorstehers von Schiltigheim. Da sie sich seit Anfang 2006 der Evangelischen Gemeinde angeschlossen hatten (im Gebetskreis seit 2001), wurde Apostel Norbert Schaeffer eingeladen mit Pfarrerin Sandra Zürcher-Droit gemeinsam die Bestattung zu leiten. Außer dem Freundeskreis der Verstorbenen, waren die evangelische Gemeinde, ihre neuapostolische Familie und die apostolischen Geschwister anwesend.

Für die Zukunft wünschen sich die französischen Gemeinden ein christliches Zusammenwachsen am Leib Christi, in Liebe und gegenseitigem Dienen, unter der Führung des Heiligen Geistes. Diese Zukunft gilt auch für die Jugend, nach dem Motto: „Gehet hinaus in die ganze Welt und ruft alle Menschen in meine Nachfolge!“ (Jesus Christus zu seinen Jüngern – Matthäus 28,19).

United Apostolic Church of India (UACI)

Entstehung

In der Apostelversammlung am 20. September 1981 wurde Apostel William Edgar Erry in die VAG aufgenommen. Im Jahre 1969 war er von der Neuapostolischen Kirche als Bischof zur Mission nach Indien entsandt worden, wo er am 5. März 1969 den ersten Gottesdienst in Mumbai hielt. Am 8. August 1971 wurde er durch Stammapostel Walter Schmidt zum Apostel ordiniert. Nach einem sprunghaften Wachstum in Indien kam es zu Spannungen mit dem zuständigen Bezirksapostel Kraus aus Kanada und am 12. April 1974 wurde Apostel Erry durch den Stammapostel seines Amtes enthoben. Er setzte daraufhin seine Arbeit zusammen mit Bischof Vincent Bower fort. Es gab jedoch eine etwas verworrene Situation, da der Bischof Bower als lokaler Vorsitzender der Organisation über die Namensrechte der „New Apostolic Church" in Indien verfügte. Die Gemeinden nannten sich **„The National Organisation of the New Apostolic Church"**. Über eine Gemeinde- oder Mitgliederanzahl wurde nie berichtet. Wohl schreibt Apostel Gaßmeyer in einem Heroldreisebericht vom April 1981, dass man 12 Gottesdienste gehalten hätte. Dabei besuchten 1.388 Personen die Gottesdienste und 559 wurden versiegelt. Außerdem wurden 11 Diakone, 22 Priester und ein Evangelist ordiniert.

Die anfängliche Planung für Indien sah statt vielen kleinen über das Land verstreuten Einzelgemeinden eine Konzentration auf 6-10 große kirchliche Stützpunkte mit jeweils 300-400 Mitgliedern vor. Diese Größenordnung erreichte die UACI jedoch nie.

Apostel Erry lebte hauptsächlich in England und besuchte Indien nur zweimal jährlich. Vor Ort war Bischof Bower zuständig. Im November 1982 erschien ein achtseitiger Herold erstmals in englischer Sprache. 1983 gab es Anschuldigungen indischer Amtsbrüder, dass Bischof Bower eine Doppeltätigkeit einerseits für die Kirche und andererseits auch für eine schweizerische Missionsgesellschaft namens „Christian

Solidarity India“ führte. Außerdem gab es einen Konflikt zwischen Apostel Erry und Bischof Bower über die Arbeit in den indischen Gemeinden und Amtseinsetzungen. Bei einem Gespräch in Düsseldorf im Oktober 1983 mit den Aposteln Gaßmeyer, Lenser, Boermeester und Erry lehnte Bower die Arbeit unter Apostel Erry ab. Daraufhin wurde die „United Apostolic Church of India“ offiziell gegründet. Vincent Bower sollte in dieser solange nicht als Bischof bestätigt werden, wie er die Zusammenarbeit ablehnte. Außerdem verlangte man den Rücktritt vom Vorsitz der Missionsgesellschaft. Im Februar 1984 kam es zu einer Visitationsreise der Apostel Gaßmeyer und Erry mit Bower durch die indischen Gemeinden und im Mai 1984 wurde beschlossen, die Kirche in Indien in Bezirke aufzuteilen. Bischof Bower trat als Vorsitzender der Missionsgesellschaft zurück und erhielt den Bezirk Vijayawada zur Betreuung. Später trennte er sich dann jedoch von den Gemeinden und arbeitete selbständig weiter.

Im Juli 1987 entstanden im Bundesstaat Tamil Nadu die Gemeinden Nellikuppam und Mangalrevu bei Madurai.

Anfang 1989 führten Apostel Erry und Evangelist Wilfried Baron eine Indienreise durch. Im Jahre 1990 zog Bischof Michael Vanathaian, der Verantwortliche des apostolischen Leprabekämpfungsprogramms, von Bangalore nach Chennai um. Er führte ein intensives Schulungsprogramm für alle Amtsträger ein, um sie besser mit christlicher Lehre und den apostolischen Besonderheiten vertraut zu machen. Am 23. August 1992 wurde er in Chennai zum Apostel ordiniert. Am 21. August 1994 wurde Apostel Erry in Chennai in den Ruhestand gesetzt. Anfang 1996 besuchten Bischof Wilfried Baron und der Älteste Detlef Lieberth die Gemeinden in Indien, 1998 erneut der inzwischen zum Apostel ordinierte Detlef Lieberth und Apostel Den Haan. Im Febuar 1999 wurde in Chennai ein Schul- und Kirchengebäude eingeweiht. Im Januar 2002 besuchten Apostel Baltisberger und Lieberth Indien. 2005 erfolgte der letzte Besuch europäischer Apostel durch Apostel Baltisberger, Baron und Lieberth.

soziale Aktivitäten

Bei missionarischen Aktivitäten verfolgte die VAG die Linie „Soup, Soap and Soul" nach der zunächst die menschlichen Grundbedürfnisse und erst später spirituelle Bedürfnisse befriedigt werden sollten. Im Mai 1985 wurde daher mit dem Aufbau eines Leprabekämpfungprogramms unter der Leitung von Michael Vanathaian begonnen. 1987 wurde in Sarjapura im Bundesstaat Karnataka für den Bereich Bangalore die „United Apostolic Clinic" gegründet. Gemäß den indischen Richtlinien war dafür der Nachweis medizinischer Einrichtungen, eines Labors und Personals notwendig. Man begann mit vier medizinischen Assistenten, einem Labortechniker, einer Bürokraft, einem Teilzeitbuchhalter, einer Hilfskraft sowie einem Projektleiter, der gleichzeitig auch als Physiotherapeut und Supervisor fungierte. Das Projekt war auf eine Selbstfinanzierung für drei Jahre ausgelegt. Danach sollte die Deutsche Leprahilfe gegebenenfalls Unterstützung leisten. Wegen Problemen mit der innerörtlichen Nachbarschaft wurde ein Neubau der Klinik außerhalb des Ortes vorgenommen. Es sollten dort noch Kirche, Schule, evtl. ein Krankenhaus und ein Friedhof folgen. Für 1988 werden 42.086 auf Lepra untersuchte Personen angegeben mit 514 neuen Befund-fällen. 2002 zog man sich wegen neuer staatlicher Auflagen, die keine reine Leprabekämpfung mehr vorsahen, sondern allgemein medizinische Einrichtungen fördern sollten, aus dieser Arbeit zurück. Die Aufwendungen hätten außerdem deutlich über den bisherigen Zuschüssen gelegen. Zum 30. April 2003 wurde das Projekt beendet.

Ab 1991 wurden dann unter dem Namen „United Apostolic Education Society" Schulprojekte auf den Weg gebracht. Zum Schluss der Arbeit bestanden fünf Grund- und Mittelschulen.

aktuelle Situation

Da durch Ruhestand und Sterbefälle inzwischen so gut wie keine Gemeinde mehr einen Vorsteher hatte- geeignete jüngere Mitarbeiter standen nicht zur Verfügung – und die Gemeinden aufgrund der riesigen Entfernungen nicht vom Apostel allein betreut werden konnten, mussten Gemeinden geschlossen werden. Die Geschwister wurden in solchen Fällen ermutigt, sich anderen christlichen Gemeinden vor Ort anzuschließen. Am 1. Oktober 2005 verstarb Apostel Vanathaian plötzlich bei den Vorbereitungen zum Erntedankgottesdienst. Seine Frau Theresa, deren geistliche Begabung sich in den Jahren 2004/05 spürbar entwickelte, und sein Sohn Titus versuchten zunächst die wenigen verbliebenen Gruppen zu betreuen. Zur Zeit finden Überlegungen statt, dass die australischen Gemeinden, die auch Gemeindeaufbau auf den Philippinen betreiben, die satzungsgemäßen Funktionen und Posten der „United Apostolic Church of India“ übernehmen und einen erneuten Gemeindeaufbau starten.

Alt-Apostolische Gemeinschaft Wien (AAG)

Die Alt-Apostolische Gemeinde in Wien entstand 1970 als Reformbewegung des österreichischen Priesters Heinrich Seiler aus der Neuapostolischen Kirche. Sie bestand bis 1993 und hatte ihr Gemeindelokal von 1970 bis August 1990 auf der Brünnerstraße 63-65 in Wien.

Entstehung

Man hatte den Namen „Altapostolisch" gewählt, um einerseits die Rückbesinnung auf das Glaubens- und Gedankengut der apostolischen Urkirche deutlich zu machen, andererseits aber die Unterschiede in der Glaubensauslegung und Lehrauffassung gegenüber der NAK klar heraus zu stellen.

Heinrich Seiler nahm bereits früh Kontakt mit anderen apostolischen Gruppierungen, u.a. der schweizerischen VAC auf. 1975 gab es bereits einen Briefwechsel zwischen Priester Seiler und Apostel Kindler über eine Zusammenarbeit. Am 22. Oktober 1978 wurde in der AAG eine Mitgliederabstimmung über die Zukunft durchgeführt. Es gab vier Alternativen:

1.) Selbständigkeit (Ergebnis: 56,52% der Stimmen)
2.) Zusammenschluss mit der VAC (Ergebnis: 30,43%)
3.) vorläufige Selbständigkeit und Suche nach anderen Partnern (Ergebnis: 13,05%) und
4.) Auflösung (Ergebnis 0%).

Die Mehrheit sprach sich für die weitere Selbständigkeit aus. Für eine Auflösung stimmte niemand. Da auch nur ein knappes Drittel der Mitglieder für einen Zusammenschluss mit der VAC votierte, und man dort auch kein Verständnis für eine demokratische Befragung in solchen Dingen hatte, ruhten die Gespräche. Anfang der achtziger Jahre nahm die AAG dann erneut Kontakt mit anderen apostolischen Gemeinschaften in Deutschland und den Niederlanden auf. Amtseinsetzungen in der AAG erfolgten zwischen 1970 und 1975 durch die niederländische

Hersteld Apostolische Zendingkerk. Im September 1980 kam es zu Gesprächen mit der saarländischen AGdS und deren Apostel Herbert Schmidt. Mit der VAG wurde ein Treffen im Dezember 1980 in München vereinbart. Am 26. Oktober 1980 bestand Priester Seiler, der sich in seiner Gemeinschaft gemäß der katholisch-apostolischen Tradition als „Engel der Gemeinde“ mit Bischof ansprechen lies, darauf, dass zu dem Münchener Treffen auch die AGdS einladen würde. Die VAG zeigte sich zwar skeptisch, Apostel Werner Kahlert aus Stuttgart lud Herbert Schmidt und weitere seiner Brüder jedoch am 31. Oktober ein. Bei dem Treffen am 18. Dezember kam es wohl trotz Übereinstimmung in Grundfragen der Lehre zu keiner Einigung, denn im Nachgang gab es wegen der Veröffentlichung der Besprechung in den Medien der AAG und AGdS Unstimmigkeiten mit der VAG und einen Abbruch der Gespräche seitens der VAG am 25. März 1981. Für den 1. Mai 1981 waren weitere Gespräche in Düsseldorf vorgesehen. Im weiteren Verlauf dieses Jahres erhielt Priester Seiler das Evangelistenamt der AGdS, dass er jedoch 1983 schon zurück gab. Er hielt losen, brieflichen Kontakt mit den VAG-Aposteln Kahlert und Kindler. Am 18. November 1985 hielt er sich wegen des Besuchs einer apostolischen Gruppe von Apostel Gaidies in Essen in Düsseldorf auf und führte Gespräche mit der VAG über die „Nutzung des Apostelamtes“ für seine Mitglieder und über einen möglichen Zusammenschluss.

Dabei kam man sich offenbar näher, wozu auch das inzwischen auf VAG-Seite reformierte Glaubensgut (seit 1984 im WWG veröffentlicht) beigetragen haben dürfte. Die Apostelversammlung der VAG beschloss am 21. April 1986 die Aufnahme. Sie fand zum 1. Januar 1987 statt. Die Altapostolische Gemeinschaft wird in die VAG aufgenommen und es erfolgt gleichzeitig ein Zusammenschluss der drei bestehenden österreichischen VAG-Gemeinden Innsbruck, Ried und Weißenbach mit der Gemeinschaft aus Wien. Priester Seiler wird zum Ältesten ordiniert und erhält die Bezirksvorsteheraufgaben der VAG. Er bleibt Vorsitzender der Altapostolischen Gemeinschaft in organisatorischer Hinsicht, unterstellt diese jedoch in geistlichen Belangen den deutschen Aposteln.

Lehre und Glaubensbekenntnis

In einem „Glaubensbild für Mitglieder und Freunde" von 1979 wurden die Grundlagen der Gemeinschaft, die Glaubenslehre und die Amtsstruktur sowie die Organisation festgelegt. Außerdem erschienen 1981 in 2. Auflage „Richtlinien für die Amtsträger" mit Vorschriften zur Gottesdienstfeier.

Im „Glaubensbild" heißt es u.a.: „Der Grundgedanke der Gemeinschaft ist der apostolische Sendungsauftrag jedes Einzelnen, in der Nachfolge Jesu und im aktiv ausgeübten Gemeinschaftsleben." Es wird ein Verzicht auf Glaubensdogmen, jeglichen Exklusivitätsanspruch, eine klare Abwendung von erstarrten kultischen Formen und Abkehr von Vollmachtslehren postuliert. Das Glaubensziel lautet: „Nach einem Leben in Christus, mit Christus auf ewig vereint zu werden, sei es am Tage seiner Wiederkunft oder am Tage des eigenen Todes."

Für die Mission, die über persönliche Kontakte und nicht über Schriften oder „Tür-zuTür"-Mission betrieben werden sollte, wurde ein Selbstbild mit sechs Punkten erstellt:

1.) Gemeinschaft nach urchristlichem Vorbild in fortschrittlicher Auslegung
2.) Innerer Friede durch einfaches Wort und echtes Tatchristentum
3.) einfache, klare Gottesdienste mit zeitgemäßer Wortauslegung
4.) keine Amtshierarchie, kein Ämterkult, kein Opferzwang (kein Zehnter)
5.) keine dogmatischen Lehraussagen, Bereitschaft zu ökumenischer Zusammenarbeit
6.) Mitbestimmung der Gemeinde, Möglichkeit offener Aussprache

Die AAG hatte in einigen Punkten ein unterschiedliches Glaubensbild zur damaligen VAG-Position. Inzwischen sind allerdings einzelne dieser Unterschiede auch im Selbstverständnis der VAG verankert.

Bereits 1975 zählte Heinrich Seiler in einem Briefwechsel mit dem schweizerischen Apostel Erwin Kindler Unterschiede auf und versuchte diese zu erläutern. Es ging dabei um das Verständnis von der Wiederkunft Christi, das Apostolats- und Amtsverständnis, das Sakrament der Versiegelung und demokratische Verwaltungselemente.

Die Wiederkunft Christi (=Parusie) und somit die Teilhabe der Gläubigen an dieser, die im neuapostolischen Glauben eine überaus wichtige Rolle spielt, wurde von der AAG relativiert und in zwei Ebenen geteilt: 1.) als heutige Gegenwart des Herrn in der Gemeinde und 2.) der persönlichen Wiederkunft des Herrn. Man wartete nicht nur auf die zukünftigen Ereignisse, sondern trug bereits im Hier und Jetzt aktiv zum „Königreich Gottes auf Erden“ bei.

Das Apostelamt hält die Gemeinden in Einigkeit und wahrt die Lehre. Ebenso schlichtet es Streit und ist für die Ordination von Amtsträgern verantwortlich. Ihm ist die Spendung der Geistestaufe vorbehalten. Eine hierarchische Führungs- bzw. Leitungsfunktion kommt dem Apostelamt jedoch nicht zu. Solange die AAG über keinen eigenen Apostel verfügt, können die dem Apostelamt vorbehaltenen Amtshandlungen von Aposteln anderer apostolischer Gruppen vorgenommen werden, wenn diese das Glaubensbild der AAG respektieren.

Die anderen Amtsgaben wurden in „Ämter für die Gemeinde“ und „Ämter für die gesamtkirchliche Sendung“ unterschieden. Zur ersten Gruppe gehörten die Diakone und Diakonissen, die Priester, der Vorsteher und der Bischof. Interessant ist hierbei, dass bereits in den siebziger Jahren eine Frauenordination möglich, wenn auch nicht durchgeführt war. Das Bischofamt wurde analog zum katholische-apostolischen Amtsverständnis als Engel- und Vorsteheramt einer Einzelgemeinde angesehen. Zur zweiten Ämtergruppe gehörten die charismatischen Ämter: Evangelist (=Lehrer), Hirte, Prophet und Apostel. Alle Amtsgaben wurden nicht als vorgesetzte sondern beigegebene Gaben betrachtet, welche der Gemeinde eine Hilfe sein sollten.

Beim dritten Sakrament, der Geistestaufe, sprach man nicht von „Versiegelung“, sondern von „Handauflegung“. Man lehnte eine „Spendung des Heiligen Geistes“ ab, da sich Gott selbst nicht spenden liesse. Man verstand das Sakrament als die Feuer- und Geistestaufe bei der ehrlich bittenden Seelen Gaben und Kräfte des Heiligen Geistes vermittelt wurden. Die Geistestaufe galt nicht als Voraussetzung für die Mitgliedschaft in der Gemeinschaft, sondern als deren Ergebnis.

Die Gemeinschaft wurde von einem Hauptleiter geleitet, der auf Lebenszeit bestellt war. Der erste und letzte Hauptleiter war Heinrich Seiler selbst. Für die Führung gab es außerdem noch auf Gemeindeebene einen Ältestenrat, der aus dem Vorsteher und sechs mit 2/3 Mehrheit in direkter und geheimer Wahl gewählten Gemeindemitgliedern bestand. Für den Fall dass die AAG mehr als eine Gemeinde umfassen würde, war ein „Zentraler Ältestenrat“ mit dem Hauptleiter als Vorsitzendem vorgesehen. Die Ältesten wären in Abhängigkeit von der Mitgliederzahl der Einzelgemeinden gewählt worden.

Interessant ist, dass die AAG 1979 ein eigenes Glaubensbekenntnis auf Grundlage des Apostolicums formuliert hatte. Gegenüber der Originalfassung gab es jedoch in jedem der drei Glaubensartikel gravierende Unterschiede.

1.) Ich glaube an Gott,
den Schöpfer alles Sichtbaren und Unsichtbaren
geoffenbart durch Jesus von Nazareth,
unseren Herrn,
geboren vom Weibe und dem Gesetz untertan,
gelitten unter Pontius Pilatus,
gekreuzigt, gestorben und begraben.
ER hat den Tod überwunden und
ist aufgestiegen zum Vater,
von wo er wiederkommen wird.
2.) Ich glaube an den Geist,
der vom Vater und dem Sohne ausgeht,
an sein zeitgemäßes Wirken,
und an die Kirche des geeinten Glaubens.
3.) Ich bekenne mich zur apostolischen Gemeinschaft,
glaube an die Vergebung der Sünden,

die Überwindung des Todes,
und die Rückkehr zum Vater,
als der Quelle und Mündung alles Seins.
Amen.

Bereits 1977 hatte man ein Glaubensbekenntnis wie oben heraus gegeben, jedoch dort im ersten Artikel noch die Formel „zu richten die Lebenden und Toten“ angeführt. Im zweiten Artikel hieß es nach „zeitgemäßes Wirken“ noch „unbeeinflusst und ohne menschliches Dazutun“. Im dritten Artikel hieß es vorher nur „Ich bekenne mich zur Gemeinschaft“.

In der 2. Ausgabe der Richtlinien für Amtsträger von 1981 wurde zum Abendmahl erwähnt, dass dieses in beiderlei Gestalt durch Intinktion gefeiert würde. Es wurden jedoch für Brot und Wein zwei unterschiedliche Gefäße verwendet: Patene für die Hostien und Kelch für den Wein. Die Freisprache nach dem Vaterunser lautete: In dem Namen Jesu, dem Sohn des lebendigen Gottes, sind uns unsere Sünden, Fehler und Schwachheiten vergeben“.

Ende der Gemeinschaft

Nur drei Jahre nach dem Zusammenschluss mit der VAG kam es im Jahr 1989 zu einer schwierigen Situation als sich Heinrich Seiler von seiner Frau trennte. Diese persönlichen Umstände führten zu einer Spaltung der ohnehin kleinen Wiener Gemeinde und zum Jahresende 1989 wurde der inzwischen zum Bischof ordinierte Heinrich Seiler auf eigenen Wunsch von seinem Amt und seinen Aufgaben suspendiert.

Die Betreuung der drei westösterreichischen Gemeinden wurde wieder von Deutschland aus übernommen.

Die persönlichen Umstände Heinrich Seilers legten nach seinen eigenen Ausführungen in den Richtlinien und nach Auffassung der VAG eine Amtsniederlegung nahe. Dies verweigerte er jedoch und führte die zu ihm haltenden 50% der Wiener Gemeinde unter Beibehaltung des Namens unabhängig als Bischof fort.

Im zweimonatigen Mitteilungsblatt „Wir" seiner Gemeinde teilte er in der Januar-Februar Ausgabe 1991 im Rückblick mit, dass das Jahr 1990 wohl das schwerste Jahr im 20jährigen Bestehen gewesen sei. Dennoch konnten in diesem Jahr mehr neue Mitglieder aufgenommen werden als in den Jahren 1986-89 zusammen. Auch die Gästeanzahl erhöhte sich gegenüber dem Vorjahr um 150% und trotz halbierter Mitgliederzahl erhöhte sich das Opfer um 40%. In der März/April Ausgabe schrieb er noch einen offenen Brief an die VAG und bot Gespräche über eine Lösung für beide Wieder Gruppen an. Er deutete darin bereits eine Entwicklung an, was passieren würde, wenn es zu keinem Aufeinanderzugehen käme:

- die Gruppe, die sich zu den deutschen Aposteln hielte würde früher oder später wegen mangelnder regelmäßiger Bedienung auseinander fallen und
- die Gruppe die hinter Bischof Seiler stünde, würde wegen verweigerter Apostelbedienung andere Wege suchen müssen.

Beide Szenarien bewahrheiteten sich später. Er teilte außerdem mit, dass sein Gemeindeteil seine „persönlichen Verfehlungen" verziehen hätte. Die VAG beantwortete den offenen Brief nicht und distanzierte sich von der Gruppe.

Nach der Trennung kam es zu Kontakten mit neugegründeten Gemeinschaften, die die katholisch-apostolischen Gemeinden wieder beleben wollten. Am 6. Mai 1990 ordinierte er Rositta Brodträger zur Diakonisse und im Juni 1990 führte er in seiner Gemeinde einen schwarzen Talar zur bestehenden violetten Stola ein. Außerdem wurde die Stolenfarbe je nach Amt künftig unterschieden. 1991 wurden auch zwei gottesdienstliche Handlungen aus katholisch-apostolischer Zeit wieder aufgenommen: 1.) der Opferkasten wurde vor dem Vaterunser auf den Altar gelegt und 2.) erfolgte nach dem Schlusssegen noch ein feierliches Gebet woraufhin die ausgesonderten aber nicht verbrauchten Hostien vom Dienstleiter in die Sakristei getragen wurden. Ebenfalls 1991 nahm er Kontakt zum kanadischen Bischof einer unabhängigen anglikanischen

Kirche J. Neeser auf und feierte am 16. Juni 1990 mit diesem und dessem Hirten L. Kusche in Wien Gottesdienst mit Eucharistie. Am 19. Juli 1992 fand in Wien jedoch der letzte Gottesdienst der Altapostolischen Gemeinschaft statt. Danach gab es nur noch Hauskreise. In der Mai-Juni-Ausgabe 1993 teilte Bischof Seiler mit, dass er alle gottesdienstlichen und öffentlichen Aktivitäten wegen „nicht mehr zu bewältigenden äußeren und inneren Schwierigkeiten“ nach 23 Jahren Existenz der Gemeinschaft einstelle. Sie sollte allerdings nominell als „apostolische Alternative“ weiterbestehen und auch die Gemeindezeitung „Wir“ sollte in zweimonatlichen Abständen weiter erscheinen.

Am 14. August 1993 verstarb Heinrich Seiler plötzlich.

Die VAG-Restgemeinde Wien führte ab Dezember 1990 nur noch Hausandachten durch und wurde aus Deutschland nur noch sporadisch besucht. Die Gemeinden Ried und Innsbruck wurden inzwischen ebenfalls aufgelöst. Für die wenigen Geschwister der Gemeinde Weißenbach fanden nach dem süddeutschen Einteilungsplan für Gottesdienste im Januar und Mai 2007 die letzten monatlichen Zusammenkünfte statt. Damit sind die unabhängigen apostolischen Gruppen in Österreich untergegangen.

Diasporagemeinden

Seit den Trennungen in den 1950er Jahren gab es auch in Nord- und Südamerika einzelne Familien, die aus der NAK ausgetreten waren. Einige davon wandten sich zwecks Betreuung an Apostel Kuhlen. So standen Geschwister in den USA und Argentinien mit ihm in Verbindung.

USA

In den USA gab es mit Bruder Roland W. Matthes in Salt Lake City Verbindung sowie Bruder Arthur Visser in Kalifornien. Sie und weitere Geschwister wurden brieflich mit Informationen versorgt. Vom 15. Oktober bis 4. November 1966 unternahmen Apostel Geuer und Bischof Kloß eine Missionsreise in die USA. 1968 reisten sie erneut nach Amerika. Im Juli und August 1973 besuchten Apostel Gaßmeyer und der saarländische Älteste Pfeifer die Geschwister in Nord- und Südamerika. Jedoch wurde erst am 12. März 1975 in Covina, Kalifornien die „United Apostolic Christian Church" gegründet. Dies war notwendig geworden, um offiziell Mission treiben zu können und Spenden gemeinnützig verwenden zu dürfen und Spendenquittungen auszustellen. Die Gemeinschaft wurde unter der Adresse 738, West Adams Park Drive, City of Covina, CA mit den Vorstandsmitgliedern Arthur Visser, Erich Schenk und Anna H. Visser eingetragen. Sie galt als eine Gemeinde des Apostelbezirks Düsseldorf der Apostolischen Gemeinschaft in Deutschland. 1980 zog die Familie Visser nach Humble in Texas um, wo sie Mission durch Hauskreise versuchten, 1984 aber erfolglos aufgaben. Die Kirchenregistrierung galt nur für den Staat Kalifornien und war wohl durch den Umzug des Vorstandes nach Texas gegenstandslos geworden. Ab 1985 tritt Bruder Matthes aus Utah in seinen Schreiben mit einem Briefkopf mit dem Titel „The United Apostolic Church" auf. 1998 sind die Familien Matthes und Cafferatas die einzig verbliebenen Familien. Cafferatas ziehen nach Portland, Oregon bzw. Seattle, Washington. Die Familie Matthes hält sich zur lutherischen Kirche, ohne ihr beizutreten.

Argentinien und Brasilien

In Villa Ballester bei Buenos Aires in Argentinien sammelte sich eine kleine Gemeinde um den Priester Pedro A. Wallbruck. Diese Gemeinde, die sich „**Iglesia Apostòlica**“ nannte, hatte 1973 13 Mitglieder. Am 7. Juli 1973 erhielt sie Besuch aus Europa. Über den Priester Lorenz begann ab 1972 eine Missionstätigkeit bzw. Gemeindegründung in Sao Paolo, Brasilien. Die Gründung erfolgte am 25. September 1973 zunächst unter dem Namen „**Igreja Apostòlica e Associacaò Brasileira**“, später nannte man sich dort „**Igreja Evangélica Apostòlica**“. 1975 wurde von dort aus eine Zweiggemeinde in Joinville eingerichtet. Im November 1976 erhielten die argentinischen und brasilianischen Gemeinden Besuch der deutschen Apostel Gaßmeyer und Lenser. Im Jahre 1980 starb Priester Wallbruck und die kleine Gemeinde Villa Ballester zerfiel. 1985 besuchten Apostel Lenser und Bischof Kloß erneut die Gemeinde in Sao Paolo. Im August 1993 und Februar 1994 besuchten Apostel Lenser und der saarländische Älteste Ewald die Gemeinde, im Februar 1996 Apostel Gaßmeyer und Ältester Ewald abermals. 1997 wurde vom Düsseldorfer Ältesten Keller eine Visitation in Brasilien durchgeführt und erstmals ein Bericht über die dortigen Verhältnisse verfasst. Demnach hatte die Gemeinde Sao Paolo 21 Mitglieder und vier ständige Gäste sowie zwei Amtsbrüder; die Gemeinde Joinville hatte zehn Mitglieder. Im März und April 1998 besuchten Apostel Grein und Apostel Lenser die brasilianischen Gemeinden, wobei Apostel Grein die Betreuung der südamerikanischen Gemeinden übernahm. In den frühen Jahren des 21. Jahrhunderts stellten die europäischen VAG-Kirchen ihre Unterstützungszahlungen für die Gemeinden in Brasilien ein und die Gemeinden zerfiellen daraufhin und schlossen sich anderen Gemeinschaften an.

Quellenangaben

- Diersmann, Edwin: „An ihren Früchten sollt ihr sie erkennen." Das Erbe von Friedrich Wilhelm Schwarz: 100 Jahre niederländische apostolische Gemeinschaften, ein geschichtlicher Überblick; Remscheid 2007, ISBN 978-3-940450-20-3
- Gemeente van Apostolische Christenen: Wat wij geloven II, o.O. o.J.
- Güttinger, Otto: Manifest über die Zustände und Tendenzen in der Neuapostolischen Gemeinde, o.O. 1954
- Hutten, Kurt: Seher, Grübler, Enthusiasten; 13. Auflage, Stuttgart 1982 ISBN 3-7918-2130-X
- Internetenzyklopädie Wikipedia, Beiträge in der Kategorie „Apostolische Gemeinschaften" - http://de.wikipedia.org/wiki/Kategorie:Apostolische_Gemeinschaften
- Internetseite der Apostolischen Gemeinde des Saarlandes, http://www.apostolische-gemeinde-des-saarlandes.de
- Neuapostolische Kirche International: Die Neuapostolische Kirche von 1938 bis 1955 – Entwicklungen und Probleme, Zürich November 2007
- NAKtuell, Internetmagazin zum neuapostolischen Glauben, http://www.naktuell.de
- niederländische Wikipedia zur Apostolischen Gemeinde des Saarlandes, http://nl.wikipedia.org/wiki/Apostolische_Gemeinde_des_Saarlandes
- Seiler, Heinrich: Die Altapostolische Gemeinschaft – Ein Glaubensbild für Mitglieder und Freunde, Wien Januar 1979
- Vereinigung Apostolischer Gemeinden Europa: Was wir glauben Band 2, Flamat 1992

- Vereinigung Apostolischer Gemeinden: Der Herold, Monatsschrift der Vereinigung Apostolischer Gemeinden, Jahrgänge 1954 bis 2008
- Vereinigung der Apostel der Apostolischen Gemeinden in Europa: Sakramente in apostolischen Gemeinden, Essen 2005
- Wissen, Volker: Theologische Entwicklungen der Vereinigung Apostolischer Gemeinden (VAG) von 1956 bis heute; Remscheid 2007, ISBN 978-3-940450-19-7